国家图书馆文津出版基金资助项目

数字资源
共建共享中的版权管理及风险防范研究

◎ 邱奉捷 · 著

知识产权出版社
全国百佳图书出版单位
—北京—

图书在版编目（CIP）数据

数字资源共建共享中的版权管理及风险防范研究／邱奉捷著.
—北京：知识产权出版社，2023.4
ISBN 978-7-5130-8685-1

Ⅰ.①数… Ⅱ.①邱… Ⅲ.①数字信息–信息管理–版权–研究
Ⅳ.①D913.04

中国国家版本馆 CIP 数据核字（2023）第 029993 号

内容提要

本书通过对国内外数字资源共建共享的实践分析，提出数字资源共建
共享中的版权保障机制，梳理图书馆在进行数字资源建设与服务各环节的
侵权风险，进而分析与总结版权风险防范的流程，提出通过法律和技术等
手段加强风险预控，并对版权侵权行为发生的风险消解提出了建议。

本书可供图书馆等数字资源建设和版权管理领域相关人员参考
和使用。

责任编辑：彭喜英　　　　　　　　责任印制：孙婷婷

数字资源共建共享中的版权管理及风险防范研究
SHUZI ZIYUAN GONGJIAN GONGXIANG ZHONG DE BANQUAN GUANLI
JI FENGXIAN FANGFAN YANJIU
邱奉捷　著

出版发行：知识产权出版社	网　址：http://www.ipph.cn
电　话：010-82004826	http://www.laichushu.com
社　址：北京市海淀区气象路50号院	邮　编：100081
责编电话：010-82000860 转 8539	责编邮箱：laichushu@cnipr.com
发行电话：010-82000860 转 8101	发行传真：010-82000893
印　刷：北京中献拓方科技发展有限公司	经　销：新华书店、各大网上书店及相关专业书店
开　本：880mm×1230mm　1/32	印　张：6.5
版　次：2023 年 4 月第 1 版	印　次：2023 年 4 月第 1 次印刷
字　数：125 千字	定　价：39.00 元

ISBN 978-7-5130-8685-1

前　　言

　　数字与网络技术的发展极大地推动了国内外数字图书馆的建设与发展，数字资源的共建共享更使图书馆面临的著作权问题错综复杂。在数字资源共建共享过程中，参与的各方应妥善解决版权问题，在遵守法律法规规定、保障著作权人合法权益的前提下，促进数字资源的开发与利用，提升数字图书馆的服务效益。

　　本书通过对国内外数字资源共建共享的实践分析，从制定版权管理制度、设置版权管理岗位、应用版权管理技术、加强培训与教育等方面提出了数字资源共建共享中的版权保障机制，梳理了图书馆在自身进行数字资源建设与服务各环节的侵权风险，进一步分析与总结了版权风险防范的流程，提出通过提高版权风险意识、利用公有领域资源、利用合理使用与法定许可、利用其他法规政策支持、获取著作权授权、应用技术保护措施等手段，加强风险预控；在版权侵权行为发生后，对如何进行风险消解给出了建议。最后，针对集团采购、联合开发、资源交换、数字文献传递等数字资源共建共享的常规工作，具体分析其面临的版权风险，提出风险防范措施，以期对数字资源共建共享版权管理工作的开展有所裨益。关于数字资源共建共享中的版权问题理论与实证研究取得了一定进展，但也不可避免地存在一定不足，有待进一步开展深入的研究和实践应用。

此外，相比传播技术特别是数字网络技术的快速发展，我国现有著作权法针对图书馆的法定许可、合理使用等限制制度在适用范围和使用条件等方面存在很大局限性。例如，目前著作权法对于图书馆可以数字化的文献范围过于狭窄，限制了数字环境下图书馆资源保存职能的发挥；针对图书馆的例外的数字化文献仅限制在局域网范围内提供，尤其是大量无法甄别是否进入公有领域的民国文献，往往因为没有版权许可而被迫"沉睡"，远远不能满足公众的需求，也限制了数字资源的共建共享，不能充分发挥数字图书馆随时随地向用户提供资源的优势。而欧盟在这方面已有相关的立法进展，2012 年发布的《欧盟孤儿作品指令》规定，公共图书馆、教育机构、档案馆及提供公共服务的广播组织等文化机构可以基于公益性质使用孤儿作品，这对欧盟数字资源共建共享是一种极大的推动。同样，针对国内可适用于图书馆的著作权例外法律空泛、欠缺、模糊等现状，图书馆界需要调研国内外相关情况，了解其他国家立法机构在此方面的法律修订建议与最新案例，跟进国际公共文化服务领域在著作权限制与例外方面的动态与进展，强调图书馆在国家文化建设与服务中的作用及公益性服务的性质，强调数字资源共建共享的社会效益，联合起来争取国家立法与政策的倾斜。

本书为国家图书馆青年科研项目研究成果，在成书过程中，参与撰写的皆为国家图书馆从事数字资源建设、版权管理、政策研究的专业人员，具有丰富的实践经验和研究能力，在撰写过程中，力图做到系统完整，注重针对性、实务性、可操作性。其中作者邱奉捷主要负责全书整体框架策划、文献和案例搜集与分析、主体内容撰写及统稿等工作；韩新月、张若冰、姜晓曦、于琳、肖珂诗参与该书资料搜集、分析。作者本人已向国家图书馆作出学术承诺，确保遵守学术规范。

本书在研究、撰写和修改过程中得到了国家图书馆有关方面的大力支持，在此深表谢意！由于受到著者资料搜集、理论水平、实践经验等多方面因素的影响，书中难免有不足和疏漏之处，敬请专家和广大读者批评指正。

目　　录

1 概 论

1.1 研究背景与意义

在信息化、网络化发展环境下，为满足数字阅读的趋势与公众需求，近年来图书馆开展了大规模的数字资源建设与服务，向公众供给数字文化资源。一方面，图书馆需要保护他人版权，规避侵权风险，维护图书馆声誉、形象、服务、管理及经济利益等；另一方面，众多图书馆多年来在数字图书馆建设过程中，自建了丰富的数字资源，开发富有特色的数据库，数字图书馆自有版权保护问题也尤为重要。

为了减少数字资源重复建设问题，避免遗漏，形成各具特色又具有综合效应的图书馆数字资源体系，提高数字资源的整体保障能力和利用率，优化国家对全国图书馆数字资源建设投入的效能，近年来图书馆以多种方式开展合作，数字资源共建共享蓬勃发展。相较于单独开展数字资源建设与服务，版权问题在图书馆数字资源共建共享过程中更为凸显，直接影响数字资源建设规模、共享服务范围、共享服务方式等方面。❶ 因此，在当前背景下，对数字资源共建共享中的版权管理及风险防范进行研究有着重要的现实意义。

1.1.1　保障数字资源来源

资源是数字图书馆建设与服务、共建共享的核心。为了保障数字资源共建共享的资源基础，需要从源头把关，做到资源来源合法有序。只有依法保护著作权人的合法利益，才能有效激发作者的创作动力，保持创新热情，鼓励创作，促进作品传播，从而真正保证数字资源来源持续不断。

1.1.2　规避侵权风险

随着通信技术和信息网络技术的快速发展，图书馆在数字资源建设与服务方面迎来了崭新的机遇。然而，数字资源的特点就像一柄双刃剑，一方面，促使图书馆的服务水平和服务能力得到了前所未有的提升；另一方面，由于数字资源具有复制便利、内容多样、来源复杂和易于传播等重要特性，

---

❶邱奉捷. 国内外图书馆数字资源共建共享版权解决实践调研 [J].
图书馆学研究，2017（11）：92-97.

容易引发侵权行为；数字资源共建共享使图书馆面临的版权风险问题更为突出。因此，重视图书馆在数字资源共建共享过程的版权管理工作，做好数字资源权责关系梳理，明晰使用范围和授权期限，做好风险防范，才能有效避免侵权，尽最大可能将图书馆的版权纠纷风险降到最低。

1.1.3 满足用户需求

随着信息交流环境的剧烈变化，数字出版呈现蓬勃发展之势，人们的信息获取渠道丰富，阅读方式日趋多样化；手机的普及使用，电信运营商、数字传媒机构等在数字内容制作方面的开发与推广，自媒体平台的发展和流行，使普通人更加容易接触各种数字阅读方式。《文化建设蓝皮书：中国文化发展报告（2017）》指出，2015 年我国阅读方式发生了较大的变化，数字化阅读方式的接触率为 64.0%，首次明显超过纸质阅读方式。❶ 截至 2020 年 12 月，我国网民规模达 9.89 亿，手机网民规模达 9.86 亿，网络新闻、网络文学、网络音乐、网络视频、网络直播的用户数量分别达 7.43 亿、4.60 亿、6.58 亿、

---

❶人民网. 我国数字化阅读方式首次明显超过纸质阅读［EB/OL］.（2017-05-22）［2022-1-23］. http://world. people. com. cn/n1/2017/0522/c1002-29291871. html.

9.27亿和6.17亿，在线教育用户规模达3.42亿。❶ 这些变化给图书馆带来了创新的技术、丰富的资源、用户阅读的需求等新的发展机遇，同时也带来了严峻的关乎生存和发展的挑战：提供信息资源的主体和渠道多样，图书馆面临激烈的竞争环境。图书馆必须直面技术发展带来的机遇和挑战，充分利用现代信息技术，提高数字资源版权风险防范意识，加强版权风险管理，深入开发与利用图书馆数字资源、加大数字资源共建共享力度，才能不断适应读者的新需求，满足社会公众精神文化需要。

总之，开展图书馆数字资源建设与服务的版权管理工作，有效规避版权侵权风险，保护自有版权，提高数字资源的开发利用效能，满足公众获取数字资源的需求，已成为图书馆适应现代信息技术环境、进一步创新与发展的基础与重要方式。❷本书将构建版权管理流程，设计一套符合实际、可操作性强的版权管理模式，按照共建共享的需求极大拓展版权解决方式，这对我国图书馆数字资源共建共享的实施有着积极的实践价值。

---

❶中国互联网络信息中心. 第47次《中国互联网络发展状况统计报告》［R/OL］.（2021-02-03）［2021-08-24］. http://www.cnnic.net.cn/hlwfzyj/hlwxzbg/hlwtjbg/202102/P020210203334633480104.pdf.

❷邱奉捷，张若冰. 图书馆数字资源版权管理战略规划研究［J］.图书馆杂志，2014，33（6）：29-33，47.

1.2　国内外研究述评

1.2.1　实践现状

1.2.1.1　国外现状

在数字图书馆的建设与服务过程中，版权管理工作通常需要专门的业务政策安排和人力、资金支持。英国国家图书馆、美国国会图书馆等在近年来都有专门的版权方面的业务规划，为图书馆的版权管理提供了政策支持。为了规避版权风险，有效地开展版权管理相关工作，国外一些图书馆专门设置了"版权图书馆员"（Copyright Librarian）岗位来负责版权事务，如美国亚利桑那大学图书馆、密歇根州立大学图书馆、加州大学洛杉矶分校图书馆、犹他大学图书馆，澳大利亚新南威尔士州立图书馆，加拿大昆特兰理工大学图书馆等。❶ 在数字图书馆建设实践中，除了最大限度地数字化公有领域作品外，还采取多种方式探索版权解决方案，最大限度实现授权内容的共建共享。例如，欧洲数字图书馆（Europeana）、法国国家数字图书馆（Gallica）等项目通过多种方式解决共建共享中的版权问题，下文将详细介绍。

---

❶邱奉捷，张若冰. 图书馆数字资源版权管理战略规划研究 [J]. 图书馆杂志，2014，33（6）：29-33，47.

1.2.1.2 国内现状

2005 年，中国国家图书馆开始设立"版权图书馆员"岗位，在"国家数字图书馆"建设与服务中树立版权意识，积极探索版权解决方案，安排专项资金，通过与著作权人、出版机构、图书馆等各方开展合作，以征集版权、共建共享版权等方式解决版权问题；"数字图书馆推广工程""全国文化信息资源共享工程""中国高校图书馆数字资源采购联盟"、大学数字图书馆国际合作计划等在集团采购、获取授权、自主知识产权数字资源建设与保护、版权风险防范与管控等方面都取得了较大的成效。但总体来说，国内大部分图书馆尚未形成成熟的版权管理制度安排。2008 年一份对 116 个图书馆版权状况的调查结果显示，没有制定专门版权政策的图书馆高达图书馆总数的 83.67%，编制了版权费用预算的图书馆仅占 8.16%，81.63% 的图书馆没有举办过版权讲座或培训，大部分被调查的图书馆还没有把版权保护作为一项固定工作，部分图书馆在馆藏数字化、数据库开发等方面存在一些版权作品的非授权复制、传播使用问题。❶ 在本书写作过程中，作者因工作机会对全国 150 余个公共图书馆和部分高校图书馆、专业图书馆的版

---

❶陈传夫，等. 中国图书馆界对知识产权问题的认知调研报告（上）——图书馆界对知识产权保护的主流态度 [J]. 图书与情报，2009（5）：1-10，18.

权状况有一定接触与了解，近年来各图书馆的版权保护意识显著提升，版权经费也有所安排，但版权制度建设与人员配备等仍没有取得较大进展，在版权保护方面尚存在一定误区。

1.2.2 研究现状

目前国内外图书馆风险防范管理方面的研究与实践已经有了一系列成果，但重在灾难管理和突发事件管理，包括服务危机、人才危机、资源危机、经费危机、自然灾害危机等，涉及实践调查、灾难预案、应灾经验、计算机与数据库安全、灾难培训、图书馆协作等主题的探讨，而涉及版权风险防范的成果大多就数字信息资源在组织、加工、创新和传播诸环节涉及的侵权风险进行了分析与研究，对图书馆如何规避侵权的实践措施提出了建议。

在数字资源共建共享中的版权管理及风险防范方面，国外相关的研究成果集中于实践项目的介绍与总结，在下文中有详细的阐述；国内的研究方面，在中国期刊全文数据库、维普中文科技期刊数据库、万方数字化期刊、中国优秀博硕士学位论文数据库等数据库中以题名或关键词为检索入口，以"共建共享""图书馆联盟""集团采购""文献传递""参考咨询"和"版权""知识产权"为检索词，对近年来有关数字资源共建共享中的版权管理问题的论文进行了检索。经过查重并剔除不相关论著，共得到检索记录60条（检索日期：2021年12

月），其中硕士学位论文 1 篇，期刊论文 59 篇。论文主题涉及数字资源共建共享相关版权问题的诸多角度，具体分布情况见表 1-1。

表 1-1　数字资源共建共享中的版权管理相关研究　　　单位：篇

研究成果类别	主　题			
	数字文献传递中的版权管理	集团采购中的版权管理	图书馆联盟中的知识产权管理	综合
期刊论文	31	1	15	12
学位论文	1	0	0	0
总计	32	1	15	12

1.2.2.1　数字文献传递中的版权管理

数字文献传递是国内各类文献提供机构的主要业务之一，也是数字资源共建共享的重要服务方式之一，关于数字文献传递中的版权问题的研究成果也比较丰富。例如，徐慧芳等在《大英图书馆文献传递服务中版权保护的体现》❶，陈清文、曹艳在《德国版权法中有关图书馆文献传递的新变化及其启示》❷ 中详细介绍了国外文献传递中涉及版权问题的相关法律

---

❶徐慧芳，等. 大英图书馆文献传递服务中版权保护的体现［J］. 图书馆杂志，2012（7）：70-73.

❷陈清文，曹艳. 德国版权法中有关图书馆文献传递的新变化及其启示［J］. 图书与情报，2011（3）：57-60.

法规及实践经验；陈传夫等在《文献传递的版权风险与规避策略》❶一文中分析了文献传递过程中的知识产权风险，阐述了国际组织关于这一问题的立场并向有关业务人员提出了相应的规避措施建议；张峰在学位论文《我国电子文献传递服务版权保护与例外研究》❷中提出了施行版权风险管理、健全版权管理制度、获取授权许可、使用技术保护措施和增加版权例外条款的版权保护策略，从合理使用、法定许可、适用于图书馆的技术措施规避例外、开放存取与创作共用协议四个方面给出了版权例外建议。

1.2.2.2　集团采购中的版权管理

集团采购是数字资源共建共享的重要方式之一，然而图书馆数字资源集团采购通常采取统一谈判、分头签署合同的方式，涉及版权的方式较少，这方面的研究成果也相对较少。饶艳在《图书馆集团采购中的知识产权问题及对策》一文中，从明确被许可用户使用的用户数量与范围、主张图书馆和个人用户的合法权益、合理规范使用权限、双方的责任限制、侵权责任与救济方式等方面对图书馆在集团采购中的知识产权对策

---

❶陈传夫，曾明，谢莹. 文献传递的版权风险与规避策略 [J]. 四川图书馆学报，2004（1）：73-76.

❷张峰. 我国电子文献传递服务版权保护与例外研究 [D]. 哈尔滨：黑龙江大学，2012.

提出了建议。❶

1.2.2.3 图书馆联盟中的知识产权管理

建立图书馆联盟有助于开展大规模、常态化的数字资源共建共享，其中涉及的版权乃至知识产权问题错综复杂。侯爱花基于图书馆联盟生命周期分析了其知识产权冲突：图书馆联盟组建时期，联盟成员的组建构想与外部环境等方面的冲突；联盟运行时期，知识产权标准及资源投入程度等方面的冲突；联盟结束时期，利益分配和知识产权归属等方面的冲突。提出建立合理的伙伴选择机制、健全知识产权评估机制、建立完备的契约控制机制、建立完善的协调沟通机制和利益分配机制等对策。❷ 崔惠敏通过实证分析，提出高校图书馆联盟的数字资源共享中主要存在 6 种知识产权风险：数据库共享风险、文献传递风险、馆际互借风险、随书光盘网络下载风险、网络链接导航服务风险、成员馆中途退出风险，建议采取风险管理措施，如建立完善的知识产权制度和风险监管机制、将知识产权风险做刚性规定、加强馆员知识产权培训和用户知识产权宣传等来

❶饶艳. 图书馆集团采购中的知识产权问题及对策 [J]. 图书情报知识，2004 (6)：91-92.

❷侯爱花. 图书馆联盟知识产权冲突与对策研究 [J]. 图书馆，2015 (5)：22-25.

应对。❶ 黄佩、刘兹恒从针对图书馆联盟在数据库资源共建和共享过程中涉及的版权问题开展研究，分析了集团采购、合作自建数据库、文献传递中存在的版权风险及防范措施。❷

1.2.2.4 数字资源共建共享中的版权管理综合研究

以上为数字资源共建共享中具体的研究，另外对部分研究成果进行综合分析，阐述了数字资源共建共享时信息采集、信息资源数字化、数字化信息网络化利用与服务过程中的知识产权问题，以及数据库自身的知识产权保护问题。在此基础上，从组织管理、如何与各方合作以规避版权、如何充分利用《中华人民共和国著作权法》（以下简称《著作权法》）现有条款、实施技术保护措施等几个方面提出了解决知识产权问题的对策。❸❹

总体来说，目前在数字资源共建共享各个环节中涉及的版权问题及应对策略有相关的研究成果，在集团采购、数字文献传递这方面的研究比较翔实，为本书的研究提供了借鉴。然而

---

❶崔惠敏. 高校图书馆联盟中知识产权风险评估的实证分析 [J]. 图书馆建设，2015（3）：88-92.

❷黄佩，刘兹恒. 图书馆联盟数据库资源共建共享的版权问题研究 [J]. 图书与情报，2015（3）：56-60，76.

❸刘华英. 网络环境下信息资源共建共享所涉知识产权问题浅析 [J]. 情报杂志，2003（12）：19-20.

❹赵永统. 谈文献信息资源共建共享中的知识产权保护 [J]. 西域图书馆论坛，2010（3）：8-9.

在图书馆版权管理和风险防范全流程，尤其是在数字资源共建共享过程中的涉及资源交换、联合开发等方面的版权风险防范方面，还有待进一步研究。

1.3 研究范围与内容

数字资源共建共享既涉及图书馆自身数字资源的建设与服务，也包含在共建共享过程中的相关问题，因此本书将从图书馆自身进行数字图书馆建设以及共建共享两个角度出发，研究如何开展全流程版权管理及版权风险防范。

（1）图书馆数字资源建设与服务中的版权纠纷案例。搜集、整理图书馆数字资源建设与服务中的版权纠纷案例，为本书提供有力实证。

（2）国内外图书馆数字资源共建共享中的版权管理及风险防范研究。本书将尽可能全面地调研与了解国内外数字图书馆项目及数字资源共建共享过程中对于版权管理及风险防范相关制度设计和实践方案。对相关立法、政策、制度及实践操作的发展现状进行全面调研，总结其可借鉴之处。

（3）图书馆数字资源共建共享中的版权管理及风险防范制度构建。在充分吸收、借鉴世界主要国家相关经验基础上，结合我国著作权法，从法律的遵循与适用、图书馆根据自身处理业务的需要的政策建置、数字资源共建共享中的版权解决方案等方面出发，构建版权管理及风险防范策略。包括以下3点。

①数字资源共建共享的版权保障机制研究：包括政策保障、制度保障、资金保障、人员保障、技术保障等。

②图书馆版权风险防范流程：通过对数字图书馆建设所涉及的版权风险进行梳理、分析与评估，以图书馆信息资源生命周期为核心，构建基于数字资源建设与服务全流程版权风险管理体系，提出风险消解方案，实现版权风险事前防范、事中有力控制、事后妥善处理，为数字资源共建共享过程中进行版权管理与风险防范提供基础。

③数字资源共建共享中的版权风险防范机制：构建图书馆在数字资源联合建设中的版权管理模式，整合联合采购的授权方式，解决各个环节中版权风险防范问题。分析不同共享方式的不同版权管理手段，以及根据数字资源建设的不同版权状态进行分层共享服务。

1.4　概念界定

1.4.1　版权

版权又称著作权，是对作者（作家、音乐家、艺术家和

其他创作者）的作品给予保护。❶ 根据世界知识产权组织
（WIPO）的定义：“版权是法律词汇，它表示赋予创作人的文
学和艺术作品的权利。”文学和艺术作品包括书籍、诗歌、小
册子和其他的书面作品、音乐作品、电影作品、绘画、雕刻、
摄影作品、图表、地图和戏剧作品等。❷ 在本书中，版权与著
作权通用，不严格区分。

1.4.2　作品

图书馆建设与服务的基础——数字资源的来源和成果一般
以作品的形式表现。作品是版权的客体，是各国著作权法所保
护的对象，它一般是指通过语言文字、符号等形式来反映作者
的思想情感或对客观世界认识的智力创造成果。❸《中华人民
共和国著作权法实施条例》将作品定义为：“文学、艺术和科
学领域内具有独创性并能以某种有形形式复制的智力创造
成果。”

---

❶联合国教科文组织. 版权法导论 ［M］. 北京：知识产权出版社，
2009：3.

❷李亚红. 国际与比较知识产权：法律、政策与实践 ［M/OL］//International and Comparative Intellecntual Propoerty：Law, Policy and Practice. Bilingual Edition, Singapore：Lexis Nexis, 2012：197.

❸吴汉东. 知识产权基本问题研究 ［M］. 北京：中国人民大学出版社，2005：191.

1.4.3 权利持有人

法律规定版权的主体包括自然人、法人或者非法人组织。有学者认为，版权的主体可分为原始主体和继受主体。所谓原始主体，是指首先对作品享有权利的主体（主要是作者）；所谓继受主体，是指通过转让、继承等方式取得著作权的人。❶图书馆在实践工作中，尤其在追查年代较为久远但尚在版权保护期内相关作品权利人的时候，需要考虑作品的财产权是否存在继受的情况。

1.4.4 人身权与财产权

版权由人身权和财产权构成。

著作人身权，是作者基于作品依法享有的以人身利益为内容的权利，是与著作财产权相对应的人身权。❷ 根据我国《著作权法》第十条第一款第（一）至（四）项规定，著作人身权包括发表权、署名权、修改权、保护作品完整权。

著作财产权，是著作权人基于对作品的利用给他带来的财

---

❶吴汉东. 知识产权基本问题研究［M］. 北京：中国人民大学出版社，2005：214.

❷刘春田. 知识产权法：第三版［M］. 北京：高等教育出版社，2007：64.

产收益权❶，也是著作权制度的重要起源。根据《著作权法》第十条第一款第（五）至（十七）项规定，著作财产权包括：复制权、发行权、出租权、展览权、表演权、放映权、广播权、信息网络传播权、摄制权、改编权、翻译权、汇编权以及应当由著作权人享有的其他权利。

1.4.5　版权保护期

版权是有一定期限限制的权利。由于著作人身权反映的是一种客观事实，因此我国《著作权法》第二十二条规定"作者的署名权、修改权、保护作品完整权的保护期不受限制"。著作的发表权和财产权反映了权利人通过利用获得收益的关系，因此需要有时间限制。各国版权制度对于财产权基本都规定了一定的保护期限。我国《著作权法》第二十三条规定，自然人的作品，其发表权和财产权的保护期为作者终生及其死亡后五十年，截止于作者死亡后第五十年的 12 月 31 日；如果是合作作品，截止于最后死亡的作者死亡后第五十年的 12 月 31 日。法人或者非法人组织的作品、著作权（署名权除外）由法人或者非法人组织享有的职务作品，其发表权的保护期为五十年，截止于作品创作完成后第五十年的 12 月 31 日；财产

---

❶刘春田. 知识产权法：第三版［M］. 北京：高等教育出版社，2007：69.

权的保护期为五十年，截止于作品首次发表后第五十年的 12 月 31 日，但作品自创作完成后五十年内未发表的，《著作权法》不再保护。视听作品发表权的保护期为五十年，截止于作品创作完成后第五十年的 12 月 31 日；财产权的保护期为五十年，截止于作品首次发表后第五十年的 12 月 31 日，但作品自创作完成后五十年内未发表的，著作权法不再保护。

1.4.6　公有领域

当一件作品不再受版权保护时，就称为进入了公共领域（Public Domain）。❶ 公共领域也称为公有领域，从广义上讲，包括已过版权保护期的作品、不受著作权法保护的作品、作者放弃权利的作品等，公众可以自由使用。

1.4.7　版权的限制与例外

版权不仅是对于作者个人基于作品权利的保护，与此同时，还要考虑社会公众对于获取知识与信息的需求。为了有效平衡两者之间的利益，版权在重视保护的同时还需要设立一些权利的限制与例外。版权的限制与例外主要包括合理使用和法定许可两种形式。

---

❶联合国教科文组织. 版权法导论 ［M］. 北京：知识产权出版社，2009：87.

合理使用是指他人依据法律的有关规定而使用享有著作权的作品，无须征得著作权人的同意，也不需要向著作权人支付报酬，但是应当尊重作者的精神权利。❶ 合理使用是现代国家版权法中普遍采用的一项法律制度。版权公约中判断合理使用的规则是"三步检验法"，最初是《伯尔尼公约》中关于复制权例外的检测标准，即一定特例，不与作品的正常使用冲突，不应不合理地损害权利持有人的合法利益。❷ 我国《著作权法》第二十四条分列了 13 种合理使用情形。

法定许可又称为"法定许可证"制度，是指根据法律的直接规定，以某些方式使用他人已经发表的作品可以不经著作权人的许可，但应当向著作权人支付使用费，并尊重著作权人的其他各项人身权利和财产权利的制度。❸ 我国《著作权法》第二十四条、第四十二条第二款、第四十六条第二款等分别对法定许可使用制度的不同情况进行了规定。

1.4.8　数字资源共建共享

数字资源是指以数字形式存取和利用的信息资源的总称，

---

❶李明德，徐超. 著作权法 [M]. 北京：法律出版社，2009：95.

❷联合国教科文组织. 版权法导论 [M]. 北京：知识产权出版社，2009：91.

❸刘春田. 知识产权法：第三版 [M]. 北京：高等教育出版社，2007：125.

从是否可以通过互联网获得角度，数字资源可划分为离线数字资源和在线数字资源；从数字出版物的获取控制角度，可划分为可以自由获取的数字资源和获取受限制的数字资源；从数字资源的产生方式角度，可划分为原生数字资源和转化而来的数字资源。

图书馆数字资源共建共享是指多个图书馆主体共同参与数字资源的建设与服务，共建形式包括联合采购、联合开发、资源交换等，共享包括数字文献传递、集中式共享、分布式共享等。

1.4.9 数字资源版权管理

数字资源版权管理是指数字资源建设与服务中涉及的版权审核、登记、变更、授权、转让、保护、侵权处理等相关业务的全流程管理。

1.5 研究方法

研究方法包括以下 4 种。

（1）文献研究法：通过国内外数据库和百度、谷歌等搜索引擎，查阅大量国内外研究资料认真研读，获取信息。

（2）比较分析法：通过对国内外图书馆数字资源共建共享版权管理现状的调研，进行对比分析总结。

（3）实证调研法：通过问卷调查、实地走访等方式，了解图书馆、用户对数字资源共建共享版权内容和服务方式的需求与建议。

（4）统计分析法：对收集到的调研及反馈信息进行整理，分析数字资源共建共享版权管理现状、现存问题，并深入挖掘版权管理及风险防范实施的关键影响因素。

2 国内外图书馆实践现状

目前，国内外多个数字图书馆项目在如火如荼地开展，各个图书馆都在极力寻求适合自身发展的著作权解决方案，有的共建共享项目已积累了许多成功的经验并形成了可被他人借鉴的模式。本章将对国内外具有代表性的数字资源共建共享项目的著作权解决方式进行分析与总结。

2.1 国外图书馆数字资源共建共享版权管理实践

2.1.1 世界数字图书馆

2.1.1.1 简介

世界数字图书馆（The World Digital Library，WDL）由美国国会图书馆的一个小组在许多国家的伙伴机构的共同协作下，在联合国教育，科学及文化组织（教科文组织）的支持下借助一些公司和私人基金会的财力支持开发而成（图2-1）。2009年4月，WDL面向国际公众推出，内容涵盖联合国教科文组织的每一个会员国。

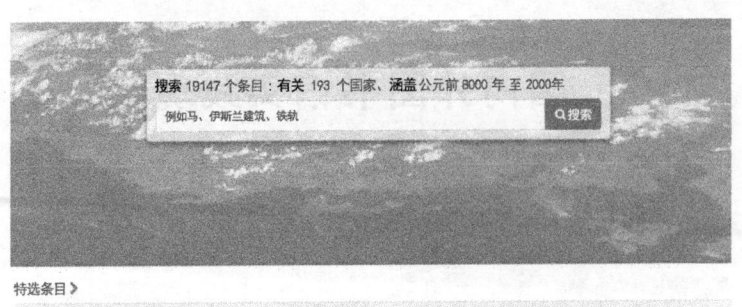

特选条目 ＞

三个阿拉伯国家的地图：部分摘向阿拉伯国家... 　天主教教义、西班牙语与塔加洛语版本　埃塞俄比亚福音书　满载移民的汽车、网狲跃

检视所有19147个条目

特选典藏单位 ＞

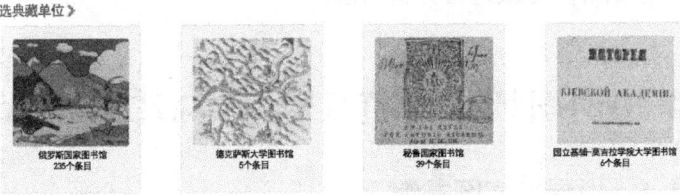

俄罗斯国家图书馆　　　德克萨斯大学图书馆　　　秘鲁国家图书馆　　国立基铺-莫吉拉学院大学图书馆
235个条目　　　　　　　5个条目　　　　　　　39个条目　　　　　6个条目

图2-1　世界数字图书馆

WDL让全世界读者可以在同一个网站上以各种不同的方式发现、学习和欣赏世界各地的文化珍宝，目前资源内容由

60 个国家的 158 个图书馆、博物馆、档案馆等文化机构提供。截至 2019 年 12 月，资源类型与数量见表 2-1。❶

表 2-1 WDL 资源数量

条目类型	条目/件	资源/幅
图像，摄影作品	9 491	15 960
报纸	3 561	14 890
图书	2 195	646 058
手稿	1 695	303 030
期刊	1 067	69 198
地图	1 059	7 954
录音制品	47	47
影片	32	38
总计	19 147	1 057 175

2.1.1.2 资源建设与版权解决方式

中国、巴西、英国、埃及、法国、日本、俄罗斯、沙特阿拉伯及美国等多国的图书馆及文化机构参与了这项计划的馆藏与技术合作，他们将文化素材数字化，让读者在网络上即可取得。另外，美国国会图书馆已与在巴西、埃及、伊拉克和俄罗斯的合作伙伴建立了数字转换中心，以生产高质量的数字图

❶世界数字图书馆. 收藏统计数字 [EB/OL]. (2016-08-01) [2021-12-18]. https://www.wdl.org/zh/statistics.

像。有关 WDL 的大量内容在这些中心都已进行生产。❶ 各个合作机构贡献的数字资源基本上都是进入公有领域的作品。

2.1.1.3 资源使用范围与使用限制

世界数字图书馆中的资源可以浏览和下载，如想发表或用其他方式使用要受到用户本国内和国际版权法及其他使用限制。❷

2.1.2 欧洲数字图书馆

2.1.2.1 简介

欧盟于 2008 年 11 月在布鲁塞尔正式启动欧洲数字图书馆（图 2-2）。欧洲数字图书馆的办公地点设在海牙的荷兰国家图书馆，由欧洲数字图书馆基金会管理。欧洲数字图书馆中的资源来源于欧洲的博物馆、图书馆、档案馆、音视频收藏机构，欧盟各成员国约 3700 个文化机构贡献了数字资源。截至 2022 年 3 月，欧洲数字图书馆的藏品已经超过 5100 万件。资源类型包括以下几个方面。

（1）数字图像——绘画、素描、地图、照片和博物馆藏

---

❶世界数字图书馆. 关于世界数字图书馆：背景 [EB/OL]. [2021-09-02]. https://www.wdl.org/zh/background.

❷世界数字图书馆. 常见问题 [EB/OL]. [2021-09-02]. https://www.wdl.org/zh/faq.

品的图片；

（2）数字文本——图书、报纸、书信、日记和档案文本等；

（3）音频——音乐、演讲、磁带、光盘、广播节目等；

（4）视频——电影、新闻影片、电视节目等。❶

图2-2　欧洲数字图书馆

2.1.2.2　资源建设与版权解决方式

Europeana 主要由欧盟各成员国的文化机构贡献数字资源。

---

❶Europeana. About us［EB/OL］.［2022-03-17］. http://www. europeana. eu/portal/aboutus. html.

希望向 Europeana 提供数字资源的机构先提出申请，根据需要签订《数据提供协议》或《数据聚合协议》，Europeana 对申请审核之后确定是否接受。目前暂不接受个人提供数据。相关的资源处理费用主要由数据提供者承担。Europeana 要求数据提供者必须尽最大努力确保权利的信息，包括机器可读的权利的信息和标引的正确性；数据提供者要确保所提供的资源没有侵犯他人的知识产权。❶ Europeana 将贡献者提供的数字资源或其元数据置于互联网上供用户使用，每一个对象数据都有详细的权利信息，并且附有该资源原拥有者的链接，如果用户想看到更高质量的资源版本，或者有的资源需要付费才能使用，须链接到原拥有者的网站上。

（1）公有领域作品的数字化与在线获取。文化机构出于资金和实际的考量，一般从数字化公有领域的馆藏开始，因此，正在建设中的 Europeana 内绝大部分是已过版权保护期的作品。

（2）推动孤儿作品的数字化与在线获取。对于版权保护期内作品，Europeana 极力推动孤儿作品（Orphan Work）和绝版图书（Out of Distribution Works）的数字化与在线获取。孤儿作品成了大规模数字化项目的一个障碍。Europeana 咨询委

---

❶Europeana Aggregators' Handbook［EB/OL］.［2021-04-10］. http://version1. europeana. eu/c/document_library/get_file? uuid＝94bcddbf-3625-4e6d-8135-c7375d6bbc62&groupId＝10602.

员会的一份报告指出，欧洲电影资料协会估计音像档案馆中约有21%的电影是孤儿作品，其中60%已经超过60年；英国国家图书馆估计，其40%版权保护期内的馆藏是孤儿作品；英国文化机构中有大约90%的摄影作品是孤儿作品。❶ 咨询委员会建议推行某种形式的登记，以避免孤儿作品在将来产生。2012年，《欧盟孤儿作品指令》发布，规定公共图书馆、教育机构、档案馆等文化机构可以基于公益性质使用孤儿作品，特别是为了作品的保存、索引和教育目的，孤儿作品的认定贯彻"一国确定（孤儿作品）全盟适用"原则，❷ 这对欧盟数字图书馆项目的资源建设与服务是一个极大的推动。

（3）推动绝版图书的数字化与在线获取。Europeana咨询委员会建议对绝版作品进行数字化，使其成为欧洲文化数字遗产的一部分。这应由立法来支持，如促进集体许可的解决方案。对绝版作品进行数字化分为以下3种情况：

①文化机构为保存目的对绝版作品进行的数字化，并且提供网上咨询服务；

---

❶High Level Expert Group on Digital Libraries. Digital libraries：recommendations and challenges for the future[R/OL]. [2022-01-21]. http：//ec. europa. eu/information_society/activities/digital_libraries/doc/reflection_group/final-report-cdS3. pdf.

❷Directive 2012/28/EU of the European Parliament and of the Council [EB/OL]. [2022-01-21]. http：//eur-lex. europa. eu/LexUriServ/LexUriServ. do? uri=OJ：L：2012：299：0005：0012：EN：PDF.

②文化机构为保存目的对绝版作品进行的数字化，并且提供广泛的在线获取；

③权利人对绝版作品数字化并进行商业开发。在这种情况下，作品的数字化副本应该呈缴给担负保存责任的文化机构。❶

（4）建立版权数据库 ARROW。欧洲数字图书馆版权信息与孤儿作品登记（Accessible Registries of Rights Information and Orphan Works towards Europeana，ARROW）成立于 2008 年，是一个由欧洲的国家图书馆、出版商、集体管理组织及作家代表通过他们的主要协会与组织组成的集团进行的项目。

ARROW 项目的目的在于支持 Europeana，通过寻求确定权利持有人、权利以及辨明作品权利状态（包括是否是孤儿作品或是否已绝版）的方法来实现。这可以使图书馆与其他用户获知很多信息。例如，谁是相关的权利持有人，牵涉到的相关权利有哪些，谁拥有与管理这些权利，他们如何获得将作品数字化或提供给用户使用的允许。这个项目还力图增强权利持有人、复制权管理组织（RRO）和其他集体管理组织、代理商、图书馆、用户之间关于版权信息的交流与协作。此项目的解决方案包括建立版权数据交流系统、孤儿作品登记、提供

❶Report of the Comité des Sages[R/OL]. [2022-01-21]. http://ec. europa. eu/information_society/activities/digital_libraries/doc/reflection_group/final-report-cdS3. pdf.

绝版作品信息或登记、建设版权清理机制网络等。❶

2.1.2.3　资源使用范围与使用限制

Europeana 允许对资源非商业性地共享（使用任何形式、格式和媒介对其内容复制、传输、发布、提供、复制、分发、提取、再利用、显示和存储）与转换（翻译、演绎等），必须标明 Europeana 与作品内容上显示的机构名称，并完整保留所有权利归属信息。❷

2.1.3　法国国家数字图书馆项目

2.1.3.1　项目简介

法国国家数字图书馆（Gallica）发端于 1997 年，是一个在网络平台免费获取数字资源的数字图书馆（图 2-3），是法国国家图书馆的重要组成部分，在欧洲数字图书馆 Europeana 项目的计划实施中也担任着重要的角色，成为 Europeana 的领航者。Gallica 数字化的资源类型主要是：传统印刷品（专著、

---

❶Report of the Comité des Sages[R/OL].[2022-01-21]. http://ec.europa. eu/information_society/activities/digital_libraries/doc/reflection_group/final-report-cdS3. pdf.

❷Europeana. Terms of use[EB/OL].[2022-01-21]. http://www. europeana. eu/portal/termsofservice. html.

报纸、杂志），手稿，音像资料，画集图册，卡片及地图。❶
目前包括近531万份报刊、近165万张图片、83万余种图书、
近52万件实物、18万余件地图、17万多份手稿、6万多件乐
谱、5万余份音频记录等。❷

图2-3　法国国家数字图书馆

2.1.3.2　资源建设与版权解决方式概况

Gallica获取数字资源途径主要有以下3种。

（1）数字化公有领域作品。

---

❶Bibliothèque national de France Gallica,la Bibliothèque numérique de la BnF[EB/OL].[2021-10-10].http://www.bnf.fr/fr/collections_et_services/bibliotheques_numeriques_gallica/a.gallica_bibliotheque_numerique_bnf.html.

❷Gallica.Gallica en chiffres[EB/OL].[2021-12-18].https://gallica.bnf.fr/GallicaEnChiffres.

（2）与公共机构合作。主要是与各类图书馆、研究中心等公共机构合作。根据馆藏需要，图书馆选取合作机构和数字资源，并基于 OAI-PMH 协议，向读者提供合作机构的数字资源索引，读者可根据索引直接进入相应网站进一步获取信息。❶

（3）与商业机构合作。这也是 Gallica 项目的一个重要尝试和创新。该合作事宜始于 2008 年 3 月 14 日的巴黎图书沙龙。自 2011 年起，在三年时间内，为数字图书馆增加近 30 万册（件）新文献以及法国每日报刊的电子版。❷

此项目旨在严格遵守著作权的前提下，提供一个在线获取当代文献的经济模式，解决尚在版权保护期内的作品的版权问题，从根本上拓展数字图书馆的资源覆盖面和参考咨询的价值。该项目主要由法国国家图书馆、法国国家出版工会、图书与阅读管理局和法国国立图书中心四家单位共同计划实施。

该项目主要面向法国出版商和电子发行商。参与合作的出

---

❶Bibliothèque national de France aux collections des partenaires publics[EB/OL].[2021-10-10]. http://www. bnf. fr/fr/collections _ et _ services/bibliotheques_numeriques_gallica/a. gallica_bibliotheque_numerique_bnf. html.

❷Bibliothèque national de France aux collections de documents sous droits,proposés par les partenaires commerciaux de la BnF[EB/OL].[2021-10-10]. http://www. bnf. fr/fr/collections_et_services/bibliotheques_numeriques_gallica/a. gallica_bibliotheque_numerique_bnf. html.

版商和电子发行商与法国国家图书馆须签订相关协议，如是电子发行商还须承诺已得到数字出版商的授权许可，并且是该资源的唯一发行商。由于该项目是欧洲数字图书馆的重要组成部分，因此为了鼓励出版商和电子发行商的积极参与，该项目主要参与者之一的国立图书中心建议以国家补贴形式鼓励数字发行和推广。❶

2.1.3.3 资源使用范围与使用限制

Gallica 将多元化的数字资源整合在一个网络平台，读者可以通过这个唯一的平台，检索和查询各种类型的数字资源（图 2-4）。

（1）公有领域的作品。Gallica 平台能检索查询的公有领域数字资源分为两类：一类是法国国家图书馆馆藏的所有公有领域的电子资源，包括其他图书馆提供的，Gallica 提供电子文献的元数据和全文本（如有），读者可通过 Gallica 网络平台免费阅览和下载；另一类是参与合作的图书馆等公共机构的数字资源仅能通过 Gallica 网络平台查询，进一步获取信息需要跳

---

❶Bibliothèque national de France Gallica：expérimentation d'une offre numérique incluant des documents soumis au droit d'auteur[EB/OL].[2021-10-10]. http://www.bnf.fr/fr/collections_et_services/bibliotheques_numeriques_gallica/a.gallica_experimentation_offre_numerique.html.

转到原网站地址，不在 Gallica 系统下直接阅览和下载该文献。❶

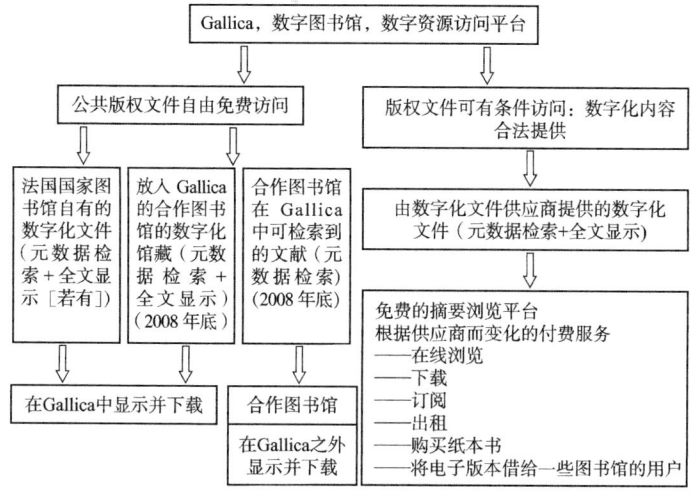

图 2-4 Gallica 数字图书馆资源访问模式❷

（2）受著作权保护的作品。对于该类资源，要有条件地合法获取。通过 Gallica 网站平台查询相关文献目录简介，通过跳转到电子发行商或是出版商的原网址，实现付费在线咨询、下载、订购数据包、本地化、购买纸质图书、租借图书馆

❶Bibliothèque national de Francele graphique présentant la plate-forme d'accès aux documents numériques de Gallica [EB/OL]. [2021-10-10]. http://www.bnf.fr/fr/collections_et_services/bibliotheques_numeriques_gallica/a.gallica_experimentation_offre_numerique.html.

❷杨柳，郭妮. 法国国家数字图书馆建设及对我国数字图书馆发展的启示[J]. 图书情报知识，2013 (2)：119-124.

电子数据等。付费可分为单次缴费或包月包年形式。这些均根据不同电子发行商或出版商不一而同。❶

2.2 国内图书馆数字资源共建共享版权管理实践

2.2.1 数字图书馆推广工程

2.2.1.1 工程简介

2011 年，文化部、财政部共同推出"数字图书馆推广工程"（以下简称"推广工程"）。作为文化部实施的重大文化惠民工程，积极推动基本公共文化服务标准化、均等化，坚持保障基层群众与特殊群体的文化权益，推动新媒体、新技术在图书馆建设与服务中的应用，以创新跟进时代脉搏，用科技助力图书馆事业发展，将更便捷、更丰富、更智能、更高效的数字图书馆产品和服务，带到全国图书馆用户身边❷（2019 年与"全国文化信息资源共享工程"融合为"公

---

❶Bibliothèque national de France Les conditions juridiques et techniques [EB/OL]. [2021-10-10]. http://www.bnf.fr/fr/collections_et_services/bibliotheques_numeriques_gallica/a.gallica_experimentation_offre_numerique.html.

❷数字图书馆推广工程. 工程介绍 [EB/OL]. [2021-04-09]. http://www.ndlib.cn/gcjs_1/201108/t20110818_47872.htm.

共数字文化工程"）。

2.2.1.2 资源的版权解决方式

数字图书馆推广工程❶秉持"共知、共建、共享"的建设思路，开展数字资源征集、数字资源联合建设、数字资源共享服务等工作。数字资源的版权解决方式主要有如下三种。

（1）使用国家数字图书馆资源。国家图书馆近年来通过利用公有领域资源、版权捐赠，从权利人、著作权集体管理组织、出版商版权代理机构等多种渠道获得授权等途径建设了海量的数字资源，推广工程将部分资源提供共享服务。

（2）商业采购。推广工程一方面统一采购商业数据库，通过与省、市级图书馆搭建的专网、虚拟网向全国读者提供访问；另一方面，成员馆可将本馆采购的有权限的商业数据库在推广工程成员馆之间共享（图2-5）。

（3）联合建设。自2013年起，推广工程启动"数字资源联合建设"项目，以"合作共建"和"合理共享"为原则，将各地区分散、异构的资源集中与整合。由各成员馆申报，推广工程提供资金支持，开展元数据仓储、地方文献数字化、政府公开信息、网事典藏、公开课等方面的资源建设工作。

---

❶数字图书馆推广工程. 推广工程资源库群［EB/OL］.［2021-09-03］. http://www.ndlib.cn/tggczy.

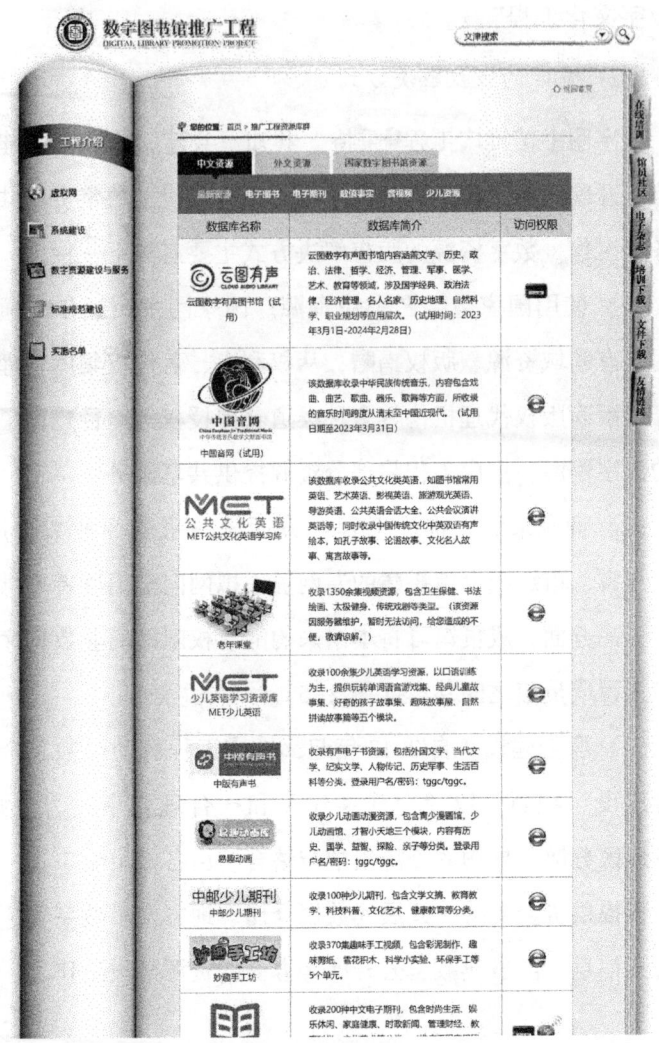

图2-5 数字图书馆推广工程资源库群

2.2.1.3　资源使用范围与使用限制

对于国家数字图书馆资源，提供元数据揭示和链接，需登录国家图书馆统一用户管理系统，仅提供在线浏览，不能下载与打印；部分资源通过硬盘封装，提供给县级图书馆使用，向当地读者提供镜像服务。

商业采购的数据库，提供持卡用户馆外访问、推广工程专用网络访问、互联网公开访问三种形式，其中持卡用户馆外访问是指持有已部署推广工程统一用户管理系统的图书馆读者卡用户可在馆外访问资源；推广工程专用网络访问，是指读者可在已连通推广工程专网或虚拟网的图书馆馆内访问资源。资源的使用方式根据不同数据库的权限可浏览、下载等。

联合建设的数字资源，通过推广工程网站、移动终端、数字电视等多种形式进行集中发布，承建馆也可将本馆建设资源进行本地存储与服务，一般只提供在线浏览。

2.2.2　全国文化信息资源共享工程

2.2.2.1　工程简介

全国文化信息资源共享工程（以下简称"共享工程"）是自 2002 年起，由文化部、财政部共同组织实施的一项国家重大文化惠民工程。它应用现代信息技术，将中华优秀文化信息资源进行数字化加工与整合，依托各级公共图书馆、文化馆

（站）等公共文化设施，通过互联网、广播电视网、无线通信网等新型传播载体，在全国范围内实现中华优秀文化资源的共建共享●（2019 年与"数字图书馆推广工程"融合为"公共数字文化工程"）。

2.2.2.2 资源的版权解决方式概况

（1）争取立法支持。2005 年，中共中央办公厅、国务院办公厅转发《文化部、财政部关于进一步加强全国文化信息资源共享工程建设的意见》及 2006 年 7 月 1 日开始实施的《信息网络传播权保护条例》都对提供公益性服务的文化共享工程给予了支持。

（2）市场采购：通过音像出版社、影视中心、电子书刊企业、知识产权代理机构等获取作品使用权。

（3）委托加工：共享工程在获得作品权利人的可销售权后，将资源库制作委托给相关机构承担，其中由委托加工单位提供的素材，委托加工单位承担权利瑕疵担保的责任。制作完成后的资源库知识产权属于文化共享工程。

（4）公开征集：向社会发布年度数字资源征集公告，接受来自全国各省、区、市的 30 余家公共图书馆及 40 余家公司

●国家数字文化网. 全国文化信息资源共享工程介绍［EB/OL］.［2021－12－22］. http://www. ndcnc. gov. cn/gongcheng/jieshao/201212/t20121212_495375. htm.

的应征，作品进行集中展示。全国公共文化发展中心确定年度数字资源的采购范围并签订使用权采购合同。

（5）适当补贴：在一些省级分中心（省级图书馆）的支持下，文化共享工程通过适当支付补贴的方式获取了众多文化专题讲座类作品的许可使用权。

（6）社会捐赠：共享工程获得了社会各界数百位作者捐赠的作品、一些从事电子图书和数据库制作企业捐赠的电子书刊。

（7）行政调拨：对于由政府各级行政部门享有知识产权的资源，共享工程在上级有关部门的支持下，通过行政调拨的方式得到此类资源的使用权。如文化部将用于对外宣传的数十部文化专题片提供共享工程使用。❶

2.2.2.3 资源使用范围与使用限制

共享工程建设资源采用集中共享与分散共享的方式提供服务。利用由国家中心、省级分中心以及基层中心组成的网络开展服务。国家数字文化网是共享工程的主站，已发布视频超过8000个❷，用户无须登录即可在线浏览；共享工程分中心承建

❶国家知识产权战略网. 文化部全国公共文化发展中心规划发展处主要事迹［EB/OL］.（2013-09-02）［2021-11-10］. http://www.nipso.cn/onews.asp? id=18713.

❷国家数字文化网. 网站介绍［EB/OL］.［2021-12-23］. http://www.ndcnc.gov.cn/about/jieshao.

的资源通过网站发布、公共电子阅览室等方式向读者提供服务。在联网不发达的区域，用户还可通过卫星广播方式获得服务。

2.2.3　大学数字图书馆国际合作计划

2.2.3.1　合作计划简介

大学数字图书馆国际合作计划（China Academic Digital Associative Library，CADAL）前身为高等学校中英文图书数字化国际合作计划，由国家投资建设，作为教育部"211"重点工程，由浙江大学联合国内外的高等院校、科研机构共同承担。CADAL项目建设的总体目标是：构建拥有多学科、多类型、多语种海量数字资源，由国内外图书馆、学术组织、学科专业人员广泛参与建设与服务，具有高技术水平的学术数字图书馆，成为国家创新体系信息基础设施之一。❶截至2021年12月31日，CADAL资源入库量为2 848 707册（件），在线量为2 683 602册（件）。主要包括：中文古籍，民国文献（民国图书、民国期刊、民国报纸），中文现代图书，中文现代报纸，外文图书，外文科技报告，地方文史资料（满铁资料、侨批、地方志、少数民族资料），图形图像资料（书画、篆

---

❶CADAL. 项目简介 [EB/OL]. [2021 - 09 - 01]. http://www. cadal. cn/xmjj.

刻、动漫、年画、连环画等艺术作品，标本、切片、手稿等研究素材)，声像资料等。❶

2.2.3.2 资源的版权解决方式

CADAL 项目中的数字资源采取参加单位经 CADAL 管理中心审核认可后进行全文数字化加工的形式建设，根据建设内容数量与质量，享受相应级别资源的相应服务。❷ 除了大量开发公有领域资源、将符合合理使用原则的资源数字化外，还并积极探索争取版权捐赠、向著作权集体管理组织获取授权、权利人批量授权、集团许可使用、联合购买等方式获得作品授权。

2.2.3.3 资源使用范围与使用限制

CADAL 项目将所有类型资源以卷/件/册/期/篇为单位分为以下六级。

一级：公共领域资源。

二级：受知识产权保护且已获授权的资源。

三级：受知识产权保护但符合合理使用原则的资源。

四级：知识产权状态不明的资源。

---

❶CADAL. 2021 年 CADAL 年度报告［R/OL］.［2022-03-17］. https://cadal. edu. cn//upload/uploadWarehouseFile/108774f3 - b427 - 4fc0 - aa07 - 3b96aa00c19f. pdf.

❷CADAL. 项目服务动态［EB/OL］.［2022 - 02 - 01］. http://www. cadal. net.

五级：受知识产权保护且未获授权的资源。

六级：有密级限制要求的资源。

CADAL 项目涉及的服务对象有以下几种类型：项目单位，参建单位，区域单位（地区政府提供配套经费的用户）、合作单位及个人（包括资源交换单位、著作权所有者授权单位及个人，行政层面的合作单位如新农村建设、西部建设等）和普通用户（一般的公众用户）。

CADAL 项目提供的资源服务分为资源发现服务（包括目录检索服务与目录浏览服务）、资源提供服务和增值服务（基于非营利的收费服务，包括 OCR 服务、摘要服务、格式转换服务、高精度文本服务、数据收集服务、资源整合与定题服务、翻译服务等）。为不同的服务对象提供以下多类型的服务。

（1）对所有服务对象提供完整的资源发现服务、增值服务和一级资源提供服务。

（2）对除普通用户外的所有项目建设单位，根据 CADAL 项目的子项目承建协议书及相关合作协议提供其所提供资源的电子版及相关配套数据，并依据《CADAL 资源共建共享办法》提供相应的服务。例如，将 CADAL 项目所建的已进入公有领域或已解决网络信息传播权的数字资源进行整合，在项目单位内镜像，在各自校园网范围内提供公益性服务。

（3）对普通用户，在签订相关协议的条件下，提供二级

至五级资源的文献传递与馆际互借服务。❶

2.3 小 结

数字图书馆获得信息资源的途径包括两种：一种是获得法律的授权，另一种是获得合同的授权。❷上述图书馆数字资源共建共享项目解决版权问题的方式均从这两个角度出发，或充分开发公有领域资源；或充分利用著作权法中的豁免条款；或与著作权集体管理组织、出版社、作者等合作，签订授权协议；或争取著作权人的捐赠（无偿授权）等；都是数字资源共建共享过程中进行版权管理的有益探索与有效途径。同时，大部分项目的版权解决方案是在现行版权法律框架之内设计，鲜有突破现行版权法的地方，也有部分项目为了扩大共建共享范围，积极争取政策支持甚至推动相关立法，这是今后开展相关版权管理工作值得借鉴之处。

---

❶CADAL. 大学数字图书馆国际合作计划（CADAL）资源分级管理办法［EB/OL］.（2010-09-17）［2022-02-03］. http://www.cadal.cn/wdxz/doc/20100917/2.pdf.
❷魏大威. 数字图书馆理论与实务［M］. 北京：国家图书馆出版社，2012：328.

3 数字资源共建共享中的
版权相关保障机制

3.1 国家政策保障

"自愿、平等、互利"是数字资源共建共享机制形成和发展的主要原则。在数字资源版权保护与利用方面，参与共建共享的建设主体一般会在法律的框架内，共同制定利益平衡政策来协调和统筹共建共享机制的运行，可以说来自国家层面的法律法规以及重大发展战略，是开展共建共享活动的宏观指导和根本保障。

3.1.1 法律制度环境

美国、日本、丹麦等一些国家将对图书馆的政策上升到立法的高度。自 2018 年 1 月 1 日起，《中华人民共和国公共图书馆法》开始施行,《古籍保护条例》等相关法律问题的研究也取得了阶段性进展,在其他多个法律法规中对图书馆基础设施、资源建设、服务提供等相关问题多有规定,涉及的法律、行政法规、部门规章、司法解释多达五十余部。

3.1.1.1 著作权制度

著作权制度是开发和利用知识资源的基本制度。著作权日益成为图书馆的战略性资源和资源竞争力的关键要素,著作权相关的法律法规直接影响数字资源共建共享过程中的资源选择、加工、整合、服务等各个环节。我国著作权法律体系主要由《中华人民共和国著作权法》(2020 修正)、《中华人民共和国著作权法实施条例》(2013 修订)、《信息网络传播权保护条例》(2013 修订)、《著作权集体管理条例》(2011 修改)、《计算机软件保护条例》(2013 修订)等组成,主要目的是确立著作权人对作品的独占性,保护著作权人的权利,同时又鼓励作品的传播,因此,法律中给予了公众和图书馆、档案馆等公益机构一定的合理使用和法定许可的权利,本书其他部分对此已进行详细分析,本节不再赘述。

3.1.1.2 政府信息制度

在信息化、网络化环境下,网络信息资源已成为文献资源的重要组成部分,采集和保存网络信息资源逐渐成为数字资源共建共享的重要内容,但对于这部分资源的服务和利用目前还缺少强有力的版权制度支持，仅在政府信息资源领域，图书馆可依据相关法律法规开展特定内容的共建共享活动。

2007 年颁布的《中华人民共和国政府信息公开条例》第十六条规定：各级人民政府应当在国家档案馆、公共图书馆设置政府信息查阅场所，并配备相应的设施、设备，为公民、法人或者非法人组织获取政府信息提供便利。行政机关可以根据需要设立公共查阅室、资料索取点、信息公告栏、电子信息屏等场所、设施，公开政府信息。行政机关应当及时向国家档案馆、公共图书馆提供主动公开的政府信息。❶ 根据条例赋予的职责，国家图书馆联合全国公共图书馆，共同建设中国政府公开信息整合服务平台，全面采集并整合我国各级政府发布的公开信息，构建了一站式的政府公开信息整合服务门户，帮助用户方便、快捷地发现并获取政府公开信息资源，使用相关服务，充分发挥公共图书馆在政府信息服务中的作用。

3.1.2 国家重大发展战略环境

战略是指"决定全局的策略"❷。国家出台的各种政策往

❶国家法律法规数据库. 中华人民共和国政府信息公开条例［EB/OL］.［2022-03-01］. https://flk.npc.gov.cn/detail2.html? ZmY4MDgwODE2ZjNlOThiZDAxNmY0MWYyODYyZTAyMTE

❷中国社会科学院语言研究所词典编辑室. 现代汉语词典：第 7版［M］. 北京：商务印书馆，2016：1648.

往带有长远战略的性质，不但能够为数字资源共建共享中的版权管理工作带来积极影响，同时也可以带动社会公众共享图书馆及其建设数字资源的需求。

近年来，《国家知识产权战略纲要》《国务院关于新形势下加快知识产权强国建设的若干意见》《深入实施国家知识产权战略行动计划（2014—2020 年）》《知识产权强国建设纲要（2021—2035 年）》等一系列决策部署相继出台，提出必须把知识产权战略作为国家重要战略，切实加强知识产权工作，打通知识产权创造、运用、保护、管理和服务全链条；《关于推动文化文物单位文化创意产品开发的若干意见》《关于进一步推动文化文物单位文化创意产品开发的若干措施》等文化领域政策文件也强调，要促进文化文物单位、文化创意设计企业提升品牌培育意识以及知识产权创造、运用、保护和管理能力，要提升知识产权评估管理水平。2015 年，时任文化部部长雒树刚在全国文化法治工作会议上提出，应下大力气加强知识产权工作，针对文化系统知识产权工作薄弱环节和各个领域的不同需求，制定图书馆知识产权工作指南等；要开展文化系统知识产权统计工作，对文化资源的知识产权状况进行确权、登记、评估。❶

---

❶雒树刚. 文化领域知识产权侵权成本低举证维权难度大 [EB/OL]. [2021 - 12 - 21]. http://www. xinhuanet. com//politics/2015 - 05/19/c_1115336037. htm.

"五年计划"是我国国民经济计划的一部分,对国民经济各个方面都具有重大影响,对数字资源共建共享中的版权问题也有着直接或间接的影响。

2021年3月发布的《中华人民共和国国民经济和社会发展第十四个五年规划和2035年远景目标纲要》中提出要"健全知识产权保护运用体制",具体内容包括"实施知识产权强国战略,实行严格的知识产权保护制度,完善知识产权相关法律法规,加快新领域新业态知识产权立法。加强知识产权司法保护和行政执法,健全仲裁、调解、公证和维权援助体系,健全知识产权侵权惩罚性赔偿制度,加大损害赔偿力度。优化专利资助奖励政策和考核评价机制,更好保护和激励高价值专利,培育专利密集型产业。改革国有知识产权归属和权益分配机制,扩大科研机构和高等院校知识产权处置自主权。完善无形资产评估制度,形成激励与监管相协调的管理机制。构建知识产权保护运用公共服务平台"❶。

国务院印发的《"十四五"国家知识产权保护和运用规划》围绕五个方面部署了重点任务,一是全面加强知识产权保护激发全社会创新活力,完善知识产权法律政策体系,加强知识产权司法保护、行政保护、协同保护和源头保护。二是提

---

❶中华人民共和国国民经济和社会发展第十四个五年规划和2035年远景目标纲要 [EB/OL]. [2022-01-13]. http://www.gov.cn/xinwen/2021-03/13/content_5592681.htm.

高知识产权转移转化成效支撑实体经济创新发展，完善知识产权转移转化体制机制，提升知识产权转移转化效益。三是构建便民利民知识产权服务体系促进创新成果更好惠及人民，提高知识产权公共服务能力，促进知识产权服务业健康发展。四是推进知识产权国际合作服务开放型经济发展，主动参与知识产权全球治理，提升知识产权国际合作水平，加强知识产权保护国际合作。五是推进知识产权人才和文化建设夯实事业发展基础。围绕五大任务，《规划》还设立了数据知识产权保护工程等十五个专项工程。❶《"十四五"文化和旅游发展规划》❷中提出，要强化文化和旅游领域知识产权保护，健全知识产权信息咨询服务和交易平台，提高知识产权管理能力和运用水平。《"十四五"文化和旅游科技创新规划》提出要加强文化和旅游科技融合重点领域知识产权保护，净化知识产权保护环境。

这些规划涉及版权的创造、运用、保护与管理等多方面内容，既为图书馆的版权工作营造了良好的环境，也提出了新的要求，将会对数字资源共建共享机制中版权管理工作带来重要影响，图书馆等机构在实践探索中应注意对相关战略与政策的

---

❶国务院关于印发"十四五"国家知识产权保护和运用规划的通知 [EB/OL]. [2022-01-13]. https://www.cnipa.gov.cn/art/2021/10/11/art_2758_170644.html.

❷文化和旅游部关于印发《"十四五"文化和旅游发展规划》的通知 [EB/OL]. [2022-01-13]. http://www.gov.cn/xinwen/2021-03-13/content_5592681.htm.

理解与运用。

3.2 图书馆版权管理制度保障

3.2.1 图书馆版权制度的意义

图书馆版权制度也可称为版权政策（Copyright Policy）、版权业务规范等，是图书馆进行科学有效管理的重要手段，在数字资源共建共享工作中不可或缺。

数字资源共建共享活动中的版权制度可分为参与共建共享的图书馆间的版权制度与图书馆内部的版权制度。图书馆间的版权制度包括共建共享版权解决策略、版权权属管理办法等，各图书馆内部的版权制度包括对工作人员的制度（如图书馆版权管理条例、图书馆业务版权政策、图书馆版权业务操作手册等）与对图书馆用户的制度（如读者须知、用户指南等）。

版权制度有助于协调与指导参与共建共享的图书馆之间的业务行为，厘清权责关系；版权制度通过提高工作人员版权保护意识，规范其行为，引导工作人员在开展业务工作的各环节中切实处理好版权问题，有效规避侵权风险，创造、运用、保护、管理好自有版权，提高图书馆信息资源建设与服务中的版权管理水平；同时，引导用户树立版权保护意识，规范和约束用户使用图书馆信息资源的行为，明确用户获取和利用信息资源中的权利与义务，减少侵权行为的发生，同时也尽到图书馆的合理注意与提醒义务，规避承担连带责任的风险。

版权制度应达到以下三个基本目标：

（1）遵守——在对图书馆工作人员和用户复制版权保护期内资料进行管理时保持一致性，以避免侵权行为，同时遵从版权法和本馆数字资源的许可协议；

（2）指引——为图书馆工作人员和用户提供与版权相关的图书馆服务与图书馆资源利用各方面的指导；

（3）教育——教育图书馆工作人员与用户关于版权的知识。❶

3.2.2 调研需求

图书馆工作人员或用户可能会对共建共享的数字资源有很多版权方面的疑问。例如，本馆通过馆藏数字化建设的数字资源库能否共享？本馆获得授权提供服务的数字资源能否共享？图书馆作为公益性机构，不以营利为目的，是否可以减免版权侵权责任？作为用户，能否批量下载所需的数字资源？需求调研有助于进一步明确版权制度需要解决的相关细节问题。

---

❶EIFL. Developing a library copyright policy：an EIFL guide［EB/OL］.（2012-02-13）［2022-05-15］. http://www. eifl. net/news/developing-library-copyright-policy-eifl-guid.

需求调研可以在包括但不限于如下范围内进行：

（1）图书馆工作人员——尤其是虚拟参考咨询、电子阅览室（或数字共享空间）的一线工作人员，数据库采购人员，处理数字资源共建共享相关业务的工作人员等；

（2）学术、科研人员；

（3）普通用户。

3.2.3 梳理业务与评估版权风险

针对图书馆已共建或计划共建的数字资源、已提供或计划提供共享的服务活动进行梳理，对其已经存在的侵权责任或者潜在的侵权风险实施评估（第4章将详细阐述风险评估流程）。图书馆要明确这些业务活动是否遵循了著作权法律法规和/或图书馆的许可协议，并且分辨在业务处理过程中，哪些行为是可行的，哪些行为是不可行的，针对各种行为提出风险规避方案。风险评估应有共建共享项目和/或参与图书馆的法律顾问或图书馆版权专员参与。

3.2.4 制定版权制度

数字资源共建共享版权制度要点包括：制定目的，版权基本知识及图书馆涉及相关条款，参与共建共享图书馆间的版权管理办法，图书馆版权业务范围，用户版权规范等，具体见表3-1。

表 3-1　数字资源共建共享版权制度要点

框架	示例
制定目的	图书馆尊重用户使用受版权保护资源的权利，同时保护他人版权，激励创造、有效运用、依法保护、科学管理自有版权
版权基本知识与图书馆涉及相关条款	（1）版权相关术语的定义； （2）列举《中华人民共和国著作权法》《信息网络传播权保护条例》等版权相关法律法规中与图书馆相关的合理使用与法定许可条款之规定
参与共建共享图书馆间的版权管理办法	（1）共建共享对版权的要求； （2）共建共享不同方式相应的版权解决策略； （3）共建共享不同方式相应的版权归属约定或数字资源使用限制等
图书馆版权业务规范	（1）数字资源联合开发、联合采购、数字文献传递等共建共享业务中涉及的版权处理规范； （2）数字资源加工、采购、整合、网站建设、服务等相关业务的全流程版权管理； （3）数字资源建设与服务中涉及的版权审核、登记、变更、授权、转让、保护、侵权处理等相关业务的全流程管理
用户版权规范	本馆馆藏的某些资源仍然处于著作权保护期内，因此在这些资源的使用方面会有相应的限制。另外，在线数据库等资源可能受到图书馆所签署合同的约束，用户在使用图书馆资源时需要遵守合同约定或法律规定： （1）对共建共享数字资源的浏览、下载、传播、打印； （2）使用图书馆数字文献传递服务； （3）其他。 （结合著作权法律法规、数据库采购合同、共建共享版权约定等条款，列举用户在不同情形下允许的行为、不允许的行为）

在版权制度制定完成后，还应定期检查与更新，以反映图书馆信息环境的变化，尤其是当国家立法或政策、图书馆数字资源的许可协议、共建共享策略、图书馆工作人员和用户对资源的使用发生改变以后，需要对已有的版权制度进行修订。

3.3 人力资源保障

目前，国内外一些图书馆已设立了专门的版权机构和工作人员，负责图书馆版权管理方案的制定、实施、评价，处理版权事务，有效规避版权侵权风险。例如，剑桥大学图书馆设立了版权咨询办公室，以解决版权法与大学中的研究、教学、服务活动之间的关系❶；皇后大学图书馆版权咨询办公室与该大学律师紧密合作，为教师、学生和工作人员在知识获取、学习、教学科研、学术交流中涉及的版权相关问题提供支持❷；密歇根大学图书馆设立了版权办公室，旨在为学者、研究人员、工作人员和学生提供清晰明确的版权信息与指引❸；2008年，中国国家图书馆成立版权管理组，负责解决馆藏资源建设

---

❶CUL/IS. Columbia University Libraries/Information Services (CUL/IS) Strategic Plan for 2010—2013 [EB/OL]. [2021 – 09 – 01]. http://academic-commons. columbia. edu/catalog/ac：125219.

❷Queen & apos's University Library. Copyright Advisory Office[EB/OL]. [2021-09-07]. http://library. queensu. ca/copyright.

❸the University of Michigan Library. Copyright Office[EB/OL]. [2021-09-07]. http://www. lib. umich. edu/copyright-office-mpublishing.

和服务中的版权相关事宜。

图书馆的版权管理相关岗位在不同图书馆称谓不尽相同。有的称为版权图书馆员（Copyright Librarian），有的称为版权与许可证图书馆员（Copyright and Licensing Librarian），也有称为媒介与版权图书馆员（Media & Copyright Librarian）等。该岗位主要负责图书馆版权问题的咨询、处理，授权许可谈判以及其他与版权有关的业务。有些版权图书馆员岗位是专职的，而有些图书馆的版权图书馆员还要兼任其他职责。❶

图书馆数字资源版权管理的规划、实施、反馈是一个长期的过程，在数字资源共建共享中面临的版权问题尤为纷繁复杂，版权图书馆员有助于在数字资源生命周期的各个环节对版权业务进行统一的协调与管理。设立版权业务岗位时，需确定岗位职责、明确岗位要求，以更有效地发挥其作用。图书馆在数字资源共建共享实施过程中，可根据需要配备专职或兼职版权工作人员（表3-2）。

表3-2　图书馆版权工作岗位设置

序号	版权岗位	主要职责
1	版权管理岗	（1）负责统筹制定图书馆版权管理战略规划、版权管理制度、版权工作计划等； （2）负责构建图书馆版权管理体系，统筹安排全流程管理与实施；

❶陈传夫,等. 国外版权图书馆员岗位设置及其对我国的启示[J]. 国家图书馆学刊,2009(2):39-42.

序号	版权岗位	主要职责
1	版权管理岗	（3）负责对图书馆版权各项重要工作的审查、监督； （4）负责图书馆重大版权事务的管理和处理； （5）负责协调对外合作中有关版权工作、协调数字资源共建共享参与机构之间的版权事宜； （6）及时向最高管理者报告有关版权工作信息
2	版权业务岗	（1）具体实施版权发展规划、制度； （2）具体执行本馆与版权相关的各项工作； （3）及时向管理者报告有关版权工作信息
3	版权顾问	依法对本馆咨询的版权事务提出建议

　　版权图书馆员要为图书馆数字资源共建共享各项业务提供版权处理建议与版权解决对策，需要具备扎实的图书馆学专业基础知识、系统的版权专业知识，以及其他相关技能与素养。具体而言，我国图书馆版权岗位需要如下方面的知识与技能：

　　（1）了解《世界版权公约》等国际法律与条约；

　　（2）了解有关图书馆可适用的合理使用与法定许可的声明性文件或指南；

　　（3）全面掌握我国版权相关法律法规知识；

　　（4）全面了解图书馆资源与服务，熟悉图书馆资源建设、信息服务和数字资源管理等方面的专业知识；

　　（5）了解版权市场的情况和版权交易的惯例与规则；

（6）具备优秀的谈判能力，以利于在版权协议的签署过程中为图书馆争取最大利益；

（7）具备良好的沟通能力与表达能力，能完成图书馆版权相关的咨询、培训、宣传等工作。

3.4 技术保障

数字资源版权保护难题在一定程度上是信息传播技术进步的结果，因此，技术保护与法律保护是相辅相成的，图书馆应当采取有效、合法的技术措施保护数字资源版权，主要涉及三个方面：建设版权信息库、应用数字资源内容的版权保护技术、应用数字资源传播的访问控制技术。

3.4.1 建设版权信息库

图书馆可以通过各种形式建立与共建共享业务工作与运行管理相关的版权信息库，并定期整理和维护。版权信息库的建设有助于实现馆藏信息、授权信息、合同信息三位一体的登记与管理，并提供版权相关信息的查询、检索和统计服务，建立各种资源之间的版权关联关系，以及版权与馆藏资源之间的授权关系，并与数字图书馆其他业务功能及系统之间保持顺畅的数据交换关系，便于参与数字资源共建共享的图书馆实时掌握资源版权情况。

版权信息库内容可包括以下几个方面。

（1）共建共享数字资源的版权状态信息等；

（2）共建共享数字资源授权许可协议、版权转让协议等与版权相关的协议内容；

（3）版权工作中的考核、奖励、惩处等档案、文书。

针对不同的应用需求，版权信息管理系统的设计可能千差万别，但其核心功能基本是趋于一致的，主要包括：实现各类型资源及其授权信息与合同信息的登记和变更管理，实现版权授权预警管理和合同结算管理；建立和维护图书馆数字资源、纸质资源等多种馆藏资源版权记录的关联，表明各种资源的版权关系；提供版权信息的接收、查询、导航、检索和统计服务；建立与数字图书馆加工、组织、保存、发布服务等其他应用系统之间的调用服务接口；实现本系统的用户管理、数据管理、日志管理、负载监控等运行维护功能。根据数字资源共建共享的需要，可以建设集中式版权信息库或各馆独立管理运营的分散式版权信息库。

图3-1以国家图书馆版权信息管理系统为例，展示了版权信息库的主要功能数据模型。

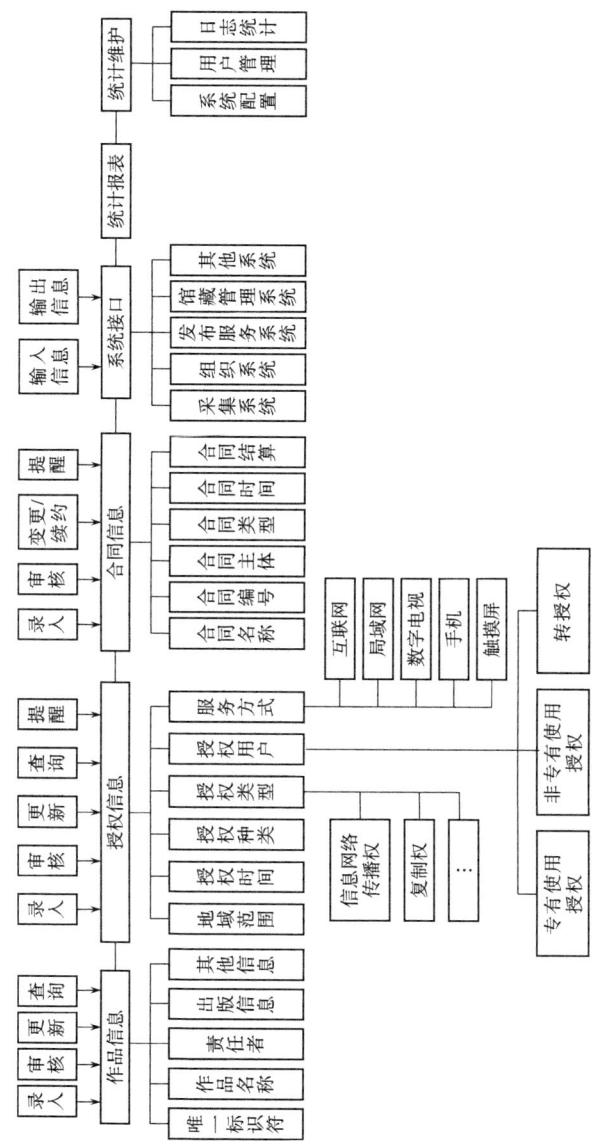

图 3-1 版权信息库主要功能数据模型

3.4.2 应用数字资源内容的版权保护技术

通过数字版权管理技术，即 DRM 加强数字资源内容的保护。例如，通过数字签名和数字指纹等方式标识版权归属，通过数字水印算法保护数字内容的完整性和版权信息等内容；利用反复制技术、追踪系统、加密控制等保护和管理资源的版权，防止侵权行为。

3.4.3 应用数字资源传播的访问控制技术

控制数字资源传播过程中的读者访问行为，按照授权约定完成发布范围控制、服务时限自动预警与控制、读者实名认证管理、使用并发控制和使用权限分配等，防止资源非法传播。例如，如果在网络上向盲人提供数字资源服务，需要利用必要技术手段研发盲人登录系统，严格限制使用者身份，保护著作者的权益，避免版权纠纷。

3.5 教育保障

图书馆需要加强版权保护教育工作，开展相关的讲座和培训，提升版权保护意识。例如，推广工程面向工程参与图书馆工作人员，通过集中授课、网络学习等方式举办了多次版权培训，针对数字资源建设与服务各环节中涉及的版权问题、数字资源征集、数字资源联合建设的版权管理要点等问题讲解版权理论与操作实务；共享工程采取人员集中面授和卫星广播方式举办了5次全国范围的知识产权培训班，分5批对共享工程省分中心有关人员进行了知识产权巡回培训，邀请国家知识产权局、法学专家、高校教授等就知识产权问题进行讲解，培训万余人次。❶

对于版权工作人员，图书馆需要开展与版权相关的任职培训、岗位培训、业务培训、技能培训，组织、参与版权相关会议或活动，提升人员队伍的专业素养。

对于一般员工，图书馆需要普及版权基本知识，开展图书馆版权管理制度的宣贯，确保员工具备版权保护意识、版权风险防范意识和版权常识。讲解在图书馆数字资源采集、复制、数字化、文献传递、参考咨询、讲座展览服务、数字资源发布服务、共建共享活动等各个业务环节中的版权注意事项，避免侵权行为发生，以促进版权管理工作的顺利开展。

图书馆应开展对用户的版权教育，为用户合理利用图书馆提供指导，提醒用户在数据库使用、资源浏览与下载等过程中应注意的版权问题。在网络服务时以书面或口头的方式提醒教育读者有义务尊重版权，同时，通过版权声明、免责声明等方

---

❶国家知识产权战略网. 文化部全国公共文化发展中心规划发展处主要事迹[EB/OL]. (2013-09-02)[2021-11-10]. http://www. nipso. cn/one-ws. asp? id=18713.

式尽到合理注意义务，指导读者合法利用数字化作品，提醒其利用数字资源内容尤其是摘录、引用、演绎时，必须按照版权相关法律法规的要求，遵守相关规范，如实注明作者及其出处，必要时联系著作权人获得授权。

（本章执笔人：邱奉捷，韩新月）

4 数字资源建设与服务的版权风险防范流程

数字资源共建共享既涉及图书馆自身数字资源的建设与服务，也包含在共建共享过程中的相关问题，因此本书将从图书馆自身进行数字资源建设与服务及共建共享两个角度出发，开展图书馆版权风险识别、分析、评估、判断，并提出防范方案。

图书馆进行数字资源建设与服务是共建共享的基础。本章通过对图书馆自身进行数字资源建设与服务所涉及的版权风险进行梳理、分析与评估，提出风险预控、风险消解方案，为数字资源共建共享过程中进行风险防范提供基础，实现版权风险的事前防患、事中有力控制、事后妥善处理。

4.1　风险预测

在版权风险的预防阶段，首先要对已建设和提供、计划建设和提供的数字资源及服务方式、服务范围、服务现状进行风险识别、风险梳理与风险评估。

4.1.1　风险识别

图书馆可以通过搜集和分析版权风险的相关信息，对潜在的版权风险进行系统梳理，并且分析原因，进而总结风险防范措施。主要的风险识别方法有以下几种。

4.1.1.1　信息分析法

采取问卷、个别访谈、座谈等调查方法获取数字资源建设与服务的版权现状、版权工作流程、图书馆员的版权素养、版权机构或版权岗位人员等有关信息，通过对信息的全面分析，得出数字资源建设与服务中具体的版权风险、风险特点和发生原因等。

4.1.1.2　流程图分析法

通过绘制与数字图书馆有较密切联系的采访、整合、加工、数字化、网站建设、服务等各方面工作的具体流程，发现一些容易发生版权风险的关键点，然后结合法律法规与相关案例，分析其中的版权风险。

4.1.1.3 组织结构图法

通过绘制与数字图书馆有较密切联系的数字资源建设与服务、信息技术等部门之间相互联系或者协调的结构图，分析各部门的协作状况，从而分析其中的版权风险存在与响应情况。

4.1.1.4 风险因素分析法

评估者根据经验，将版权风险的发生概括为几种因素，如外购数据库签订合同不够严谨、对读者的侵权行为未提前预见、自建资源版权未解决版权问题即通过信息网络提供服务等，然后根据这些因素分析图书馆版权风险的状况。

4.1.2 风险梳理

本章将以数字资源建设与服务流程中涉及的版权风险为例，分析需要考虑的版权问题。

4.1.2.1 采购数字资源服务版权风险

图书馆采购数字资源使用权后，必须在授权许可的范围内使用，如果出现图书馆读者过量下载，或者图书馆超越使用权限提供服务的情况，即图书馆出现违约行为，也是侵犯作品复制权、信息网络传播权等相关版权的行为。

4.1.2.2 文献数字化和服务的版权风险

文献数字化的版权风险主要有两种，一是侵犯作品人身权的风险，根据《著作权法》第二十四条第一款第（八）项的规定，图书馆可以不经著作权人许可，不向其支付报酬，为陈列或者保存版本的需要，复制本馆收藏的作品，但应当指明作者姓名或者名称、作品名称，并且不得影响该作品的正常使用，也不得损害著作权人的合法权益。所以，图书馆在开展数字化复制馆藏的同时，如果遗漏作品的署名，或者对作品进行修改就可能会涉及侵犯作品的署名权、修改权、保护作品完整权。此外，如果公开使用了未经发表的非正式出版物，如学位论文、内部资料等，将会涉及这些作品的发表权。作为作品收藏单位或保存单位的图书馆，并没有发表作品的相关权利，一旦将这些作品数字化后发布服务，将内容公之于众，则可能侵犯相关著作权人的发表权。二是侵犯其他权利的风险，图书馆开展馆藏数字化，通常是希望通过信息网络向读者提供服务，对于利用数字化古籍这类权利保护期届满的作品只需要保护作品的相关人身权，但对于仍处于权利保护期的作品如果不经著作权人许可，即会涉及侵犯信息网络传播权、汇编权、版式设计权等。

4.1.2.3　网络资源采集的版权风险

未经著作权人许可进行网络资源采集的版权风险主要有以下4种。

（1）侵犯复制权风险。网络信息资源采集是通过技术批量而精确地抓取目标网页中的数据，这属于复制作品的行为。

根据《著作权法》第五十三条第（一）项规定，未经著作权人许可就实施复制行为，侵犯作者的复制权。目前，很多网站的版权声明都明确了未经许可禁止复制的内容，图书馆如果未经网页所载作品的著作权人同意而任意抓取网页，即构成侵犯著作权人复制权的行为。

（2）侵犯汇编权风险。图书馆如果将采集到的网络信息进行整理、汇集成专题发布，可能被认定为经过整理形成了新作品，侵犯汇编权。汇编须取得被汇编作品的著作权人许可。

（3）侵犯信息网络传播权风险。图书馆如果将采集的网络信息资源通过网络向读者发布，将面临侵犯信息网络传播权的风险。

（4）避开或破坏技术保护措施风险。图书馆如果在采集过程中绕过对方网站的蜘蛛协议直接采集网页信息，即故意避开或者破坏网站的技术措施，可能就会产生侵权风险。这里的"故意"，是指"明知或者应当知道"抓取资源的行为会破坏、回避技术措施。依据《信息网络传播权保护条例》第四条规定，为了保护信息网络传播权，权利人可以采取技术措施；任何组织或者个人不得故意避开或者破坏技术措施，不得故意制造、进口或者向公众提供主要用于避开或者破坏技术措施的装置或者部件，不得故意为他人避开或者破坏技术措施提供技术服务。第二十六条对"技术措施"解释为用于防止、限制未经权利人许可浏览、欣赏作品、表演、录音录像制品的或者通过信息网络向公众提供作品、表演、录音录像制品的有效技术、装置或者部件。

4.1.2.4 网络资源导航版权风险

如果采用"深度链接"的方式进行知识导航，即在网站中直接链接到目的网站的二级页面中的具体资源，导致用户普遍误认为链接内容是网站本身的内容，那么将有可能承担侵犯著作权的风险。特别是在采取加框技术的情况下，即设链者将链接网页变成自己网页框架内的一个窗口，用户打开链接后，浏览器地址栏里仍然是设链者的域名，用户无法知道链接的存在，该情形可能侵犯著作权人的署名权、保护作品完整权和信息网络传播权。

4.1.2.5 网络资源转载版权风险

图书馆的擅自转载行为不仅可能侵犯网站的著作权，也可能侵犯其他人的著作权。如果转载的内容本身存在侵权问题，那么图书馆通过转载发布会间接侵犯其他著作权人的权利，并且扩大了权利人的损失，进而被追究责任。在这种情形下，侵权风险的不确定性增大，侵犯的权利可能涉及著作财产权和人身权，同时也涉及表演者权、录制者权、出版者权等邻接权。例如，发布该网站转载但不标注作者信息的文章，将侵犯作者的署名权；发布该网站没有获得表演者同意向公众传播的表演，将侵犯表演者权。

4.1.2.6 在线展览、在线讲座版权风险

如果展览作品本身为数字作品，则需要事先取得权利人授权，包括信息网络传播权和展览权，才能将相关作品在线展出；如果本身并不是数字作品，则涉及对本馆所收藏的作品进行数字化加工，应根据使用内容和使用形式事先取得相关作品的复制权、展览权和信息网络传播权。

讲座服务包括静态讲座和实时直播的讲座，图书馆通常需要与讲座的主讲人签订版权授权许可使用协议，获得复制权、发表权、信息网络传播权等相关权利的授权，在许可的前提下对培训、讲座进行拍摄、编辑、整合及镜像等方式的处理，通过互联网向大众提供在线讲座服务，进而获取录音录像制品的相关权利。

4.1.2.7 虚拟参考咨询服务版权风险

虚拟参考咨询是在网络环境下，咨询馆员及时解答读者在利用图书馆资源、网络信息资源、数字图书资源等过程中遇到的问题。在咨询过程中，所利用的信息资源有很多种，当利用外购数据库和自建数据库时，所涉及的法律问题类似于上述采购数字资源服务、文献资源数字化服务时的版权问题，在此不再赘述。

4.1.2.8 文化创意产品开发版权风险

在利用馆藏文献资源开发文化创意产品的过程中，对于馆藏的大部分文献，图书馆仅是收藏者，而不是文献的著作权人。在以馆藏文献为素材设计、开发文化创意产品时，需要做好筛查检测，根据馆藏文献的著作权状态，加强文化创意产品开发过程中的版权监控，避免侵犯他人版权。

4.1.2.9 自有版权被侵犯的风险

图书馆在数字资源建设过程中，可能会创作、委托或合作开发的具有独创性的报告、标准规范等文字作品，专题片等音视频，数据库，网站、网页，计算机软件等，这些都是图书馆自有版权的资源。可能面临被商业性复制、非法利用等方面的版权风险。

4.1.3 风险评估

数字资源建设与服务中的版权风险分级，是在版权风险识别和分析的基础上，根据图书馆对版权风险的承受能力，以风险的严重程度和损害后果发生的可能性为标准，将版权风险划分为不同的高、中、低不同等级。

数字资源建设与服务中的版权风险分级是一项可能有具体评估者主观观点，复杂、反复的风险评估活动，可以运用"德尔菲法"，经过反复征询数字图书馆不同业务人员的意见以形成较为客观且一致的结论。同时，数字图书馆版权风险分级是采取综合防范措施的基础，是联系评估与防范的桥梁，通过风险分级，可以分析某种风险的严重程度，有助于制定版权风险的防范战略和防范措施，以便有效地分配防范资源。❶

4.2 风险预控

版权风险防范最重要的是"防"，防止版权风险变为版权"危机"、版权"事故"，防患于未然。在思想上对版权风险及其危害性有正确的认识，在制度、人员、经费、技术等方面提供支持，加强防范，建立预控机制。

4.2.1 提高版权风险意识

近年来，长春理工大学图书馆、金陵图书馆、重庆涪陵图书馆等都曾因数字版权纠纷而被诉至法庭（参见附录：图书馆版权纠纷相关案例及点评）。部分纠纷案例究其原因，在于提供数字资源服务之前没有对数字资源内容的版权瑕疵、侵权风险进行全面系统的甄别、判断与评估。在数字资源建设与服务实际工作中，部分图书馆也存在一些常见的版权意识误区：图书馆收藏的文献，数字化以后是

---

❶赵学昌. 高校法律风险评估及防范 [J]. 理论界，2007 (8)：18-20.

自有版权资源，图书馆有权最大限度地开发、利用；图书馆开展的是公益性、无偿性服务，不存在盈利，就不会发生侵权问题。而事实上，公益性、无偿性服务并不必然意味着不会发生侵权问题，而且公益服务不能以牺牲版权人利益为代价，更不能以公益服务为借口，行侵权之实。把"公益性""无偿性"和"侵权性"完全对立起来，看不到其中的内在联系，认为只要坚持了"公益性""无偿性"（或者收费完全用于服务成本），就不会发生侵权的观念只能使图书馆自我麻痹，为版权危机的发生留下隐患。❶ 因此，图书馆必须提高版权风险意识，正视版权问题，承担应负的责任，积极开展版权风险预控管理工作。

4.2.2　利用公有领域资源

公有领域作品除作者署名权、修改权、保护作品完整权等精神权利永久保护外，任何个人、法人与其他组织均可无障碍利用，既不需要得到权利人许可，也不需要支付相应的费用，是图书馆进行数字资源建设与服务可资利用的优质资源来源。根据《著作权法》的相关规定，自然人作品是在作者死后五十年后进入公有领域，法人或者非法人组织的作品是在发表五

---

❶秦珂. 从一起信息导航服务典型版权案件谈图书馆对版权危机的管理［J］. 管理学刊，2009（2）：98-102.

十年后进入公有领域。

判断作品是否进入公有领域包括以下两个方面。

（1）确定著作权归属。根据我国著作权法的规定，著作权属于作者。根据《著作权法》第十一条的规定，首先，创作作品的自然人是作者；其次，由法人或者非法人组织主持，代表法人或者非法人组织意志创作，并由法人或者非法人组织承担责任的作品，法人或者非法人组织视为作者；最后，如无相反证明，在作品上署名的自然人、法人或者非法人组织为作者。因此，图书馆在确定著作权人时，可以明确的是，如无相反证明，在作品的书名页和版权页上署名的自然人、法人或者非法人组织即为作者，著作权属于作者。特殊作品的著作权归属见表4-1。

表4-1　特殊作品的著作权归属

作品类型	著作权归属	备注
改编、翻译、注释、整理已有作品而产生的作品	改编、翻译、注释、整理人	行使著作权时不得侵犯原作品的著作权
两人以上合作创作的作品	合作作者	没有参加创作的人，不能成为合作作者
合作作品可以分割使用的	作者对各自创作的部分可以单独享有	行使著作权时不得侵犯合作作品整体的著作权
汇编作品	汇编人	行使著作权时，不得侵犯原作品的著作权

续表

作品类型	著作权归属	备注
视听作品中的电影作品、电视剧作品	制作者	编剧、导演、摄影、作词、作曲等作者享有署名权并有权按照与制作者签订的合同获得报酬
电影作品、电视剧作品以外的视听作品	由当事人约定；没有约定或者约定不明确的，由制作者享有	作者享有署名权和获得报酬的权利
职务作品	作者	法人或者非法人组织有权在其业务范围内优先使用。作品完成两年内，未经单位同意，作者不得许可第三人以与单位使用的相同方式使用该作品
职务作品	作者享有署名权，著作权的其他权利由法人或者非法人组织享有	(1) 主要是利用法人或者非法人组织的物质技术条件创作，并由法人或者非法人组织承担责任的工程设计图、产品设计图、地图、计算机软件等职务作品； (2) 法律、行政法规规定或者合同约定著作权由法人或者非法人组织享有的职务作品
受委托创作的作品	合同约定归属；未作约定或者没有订立合同的，著作权属于受托人	
美术、摄影作品	作者享有著作权；原件所有人享有展览权	
作者去世的作品	继承人	

续表

作品类型	著作权归属	备注
法人或者非法人组织作者变更、终止的作品	财产权由承受其权利义务的法人或者非法人组织；没有承受其权利义务的法人或者非法人组织的，由国家享有	
签订了著作权转让合同的作品	作者与受让方按合同约定分别享有部分著作权	
作者身份不明的作品	作品原件的所有人行使除署名权以外的著作权	当作者身份确定后，由作者或其继承人行使著作权

（2）确定版权保护期限。不同类型的作品保护期限不同，其进入公有领域的条件相应地有所区别。表4-2以图书馆常见馆藏类型为例，分析了进入公有领域作品需满足的要求。

表4-2　作品进入公有领域条件

作品类型	公有领域作品甄别方法
图　书	自然人作者已经死亡满五十年，法人或者非法人组织作者的作品已经发表满五十年的，为公有领域作品
地方志	由政府主持撰修的方志、地方官署名的方志、作者为法人或者非法人组织的方志，发表满五十年的未进入公有领域作品。其他地方志进入公有领域的条件是个人作者已经死亡满五十年。若有多位作者，需查证各作者的情况均满足条件

续表

作品类型	公有领域作品甄别方法
期　刊	期刊社工作人员创作的职务作品，财产权的保护期为首次发表后五十年；其他作者作品，需查证每一篇文章作者的情况：自然人作者已经死亡满五十年，法人或者非法人组织作者的作品已经发表满五十年的，为公有领域作品。若有多位作者，需查证各作者的情况均满足条件
报　纸	时事新闻不受著作权法保护。报社工作人员创作的职务作品，财产权的保护期为首次发表后五十年；其他作者作品，其他需查证每篇文章作者的情况：自然人作者已经死亡满五十年，法人或者非法人组织作者的作品已经发表满五十年的，为公有领域作品。若有多位作者，需查证各作者的情况均满足条件
老照片	1971 年 6 月 1 日前已经发表，或 1971 年 6 月 1 日前创作完成后未发表的，为公有领域作品；1971 年 6 月 1 日之后发表的，自然人作者已经死亡满五十年，职务作品、法人或者非法人组织作者的作品已经发表满五十年的，为公有领域作品。若有多位作者，需查证各作者的情况均满足条件
美术作品（如字画、年画等）	自然人作者已经死亡满五十年，职务作品、法人或者非法人组织作者的作品已经发表满五十年的，为公有领域作品。若有多位作者，需查证各作者的情况均满足条件
手稿、信件	自然人作者已经死亡满五十年，法人或者非法人组织作者的作品已经发表满五十年的，为公有领域作品。若有多位作者，需查证各作者的情况均满足条件
音视频	已经发表满五十年的，或自创作完成后五十年内未发表的作品，为公有领域作品
其　他	按照《著作权法》规定甄别

4.2.3 利用合理使用和法定许可

著作权法的目的是既保护著作权人的权利，又鼓励作品的传播，因此，在保护著作权人权利的同时，也给予公众和图书馆、档案馆等公益机构一定的合理使用权利，图书馆在数字资源建设与服务的过程中，可以充分地利用合理使用和法定许可条款的规定（表4-3）。

表4-3 我国可适用于图书馆的合理使用与法定许可规定

法律法规	著作权例外类型	相关条款
《中华人民共和国著作权法》（2020年修正）	合理使用	第二十四条 在下列情况下使用作品，可以不经著作权人许可，不向其支付报酬，但应当指明作者姓名、作品名称，并且不得影响该作品的正常使用，也不得不合理地损害著作权人的合法权益： …… （六）为学校课堂教学或者科学研究，翻译、改编、汇编、播放或者少量复制已经发表的作品，供教学或者科研人员使用，但不得出版发行； …… （八）图书馆、档案馆、纪念馆、博物馆、美术馆等为陈列或者保存版本的需要，复制本馆收藏的作品； ……
《信息网络传播权保护条例》（2013修正）	合理使用	第六条 通过信息网络提供他人作品，属于下列情形的，可以不经著作权人许可，不向其支付报酬：

续表

法律法规	著作权例外类型	相关条款
《信息网络传播权保护条例》（2013修正）	合理使用	…… （三）为学校课堂教学或者科学研究，向少数教学、科研人员提供少量已经发表的作品； …… （五）将中国公民、法人或者其他组织已经发表的、以汉语言文字创作的作品翻译成的少数民族语言文字作品，向中国境内少数民族提供； （六）不以营利为目的，以盲人能够感知的独特方式向盲人提供已经发表的文字作品； （七）向公众提供在信息网络上已经发表的关于政治、经济问题的时事性文章； （八）向公众提供在公众集会上发表的讲话
	合理使用	第七条　图书馆、档案馆、纪念馆、博物馆、美术馆等可以不经著作权人许可，通过信息网络向本馆馆舍内服务对象提供本馆收藏的合法出版的数字作品和依法为陈列或者保存版本的需要以数字化形式复制的作品，不向其支付报酬，但不得直接或者间接获得经济利益。当事人另有约定的除外。 前款规定的为陈列或者保存版本需要以数字化形式复制的作品，应当是已经损毁或者濒临损毁、丢失或者失窃，或者其存储格式已经过时，并且在市场上无法购买或者只能以明显高于标定的价格购买的作品

法律法规	著作权例外类型	相关条款
《计算机软件保护条例》（2013修正）	合理使用	第十七条　为了学习和研究软件内含的设计思想和原理，通过安装、显示、传输或者存储软件等方式使用软件的，可以不经软件著作权人许可，不向其支付报酬
《信息网络传播权保护条例》（2013修正）	法定许可	第九条　为扶助贫困，通过信息网络向农村地区的公众免费提供中国公民、法人或者其他组织已经发表的种植养殖、防病治病、防灾减灾等与扶助贫困有关的作品和适应基本文化需求的作品，网络服务提供者应当在提供前公告拟提供的作品及其作者、拟支付报酬的标准。自公告之日起30日内，著作权人不同意提供的，网络服务提供者不得提供其作品；自公告之日起满30日，著作权人没有异议的，网络服务提供者可以提供其作品，并按照公告的标准向著作权人支付报酬。网络服务提供者提供著作权人的作品后，著作权人不同意提供的，网络服务提供者应当立即删除著作权人的作品，并按照公告的标准向著作权人支付提供作品期间的报酬。依照前款规定提供作品的，不得直接或者间接获得经济利益

　　利用合理使用和法定许可条款进行数字资源建设与服务时，需要注意严格遵守相关的限制条件。例如，《信息网络传播权保护条例》第七条规定图书馆可为陈列或者保存版本需

要以数字化形式复制作品，但这些作品"应当是已经损毁或者濒临损毁、丢失或者失窃，或者其存储格式已经过时，并且在市场上无法购买或者只能以明显高于标定的价格购买的作品"。不满足上述限定条件的，不适用合理使用的情形。

此外，必须指明作者姓名、作品名称，不得修改数字作品权利管理信息，并且不得影响该作品的正常使用，也不得不合理地损害著作权人的合法利益。

4.2.4　利用其他法规政策支持

除了公有领域作品、著作权法规定合理使用和法定许可的情形，在相关法律法规和文化政策中还有一些在图书馆在数字资源建设与服务中适用的其他支持（表4-4），主要分布在《中华人民共和国著作权法实施条例》和《信息网络传播权保护条例》中。此外，《政府信息公开条例》中对图书馆提供政府信息的服务给予了政策支持。

表4-4　可适用于图书馆的其他法律法规与政策支持

法律法规政策	可适用于图书馆的主要规定
《中华人民共和国著作权法实施条例》（2013修正）	第十三条　作者身份不明的作品，由作品原件的所有人行使除署名权以外的著作权。作者身份确定后，由作者或者其继承人行使著作权

法律法规政策	可适用于图书馆的主要规定
《中华人民共和国信息网络传播权保护条例》（2013 修正）	第十二条 属于下列情形的，可以避开技术措施，但不得向他人提供避开技术措施的技术、装置或者部件，不得侵犯权利人依法享有的其他权利：
《中华人民共和国信息网络传播权保护条例》（2013 修正）	（一）为学校课堂教学或者科学研究，通过信息网络向少数教学、科研人员提供已经发表的作品、表演、录音录像制品，而该作品、表演、录音录像制品只能通过信息网络获取； （二）不以营利为目的，通过信息网络以盲人能够感知的独特方式向盲人提供已经发表的文字作品，而该作品只能通过信息网络获取。 ……
《中华人民共和国政府信息公开条例》	第十六条 各级人民政府应当在国家档案馆、公共图书馆设置政府信息查阅场所，并配备相应的设施、设备，为公民、法人或者其他组织获取政府信息提供便利。 行政机关可以根据需要设立公共查阅室、资料索取点、信息公告栏、电子信息屏等场所、设施，公开政府信息。 行政机关应当及时向国家档案馆、公共图书馆提供主动公开的政府信息

4.2.5 获取著作权授权

除上述范围的资源外，一般而言提供数字资源服务均需遵循"先授权，后传播"的原则，通过多样化的方式获得授权。

（1）通过作者获得授权。作者是作品的原始著作权人，通过作者获得著作权授权是最直接的方式之一。

（2）通过数据库集成商获得授权。数据库集成商资源量丰富，资源组织有序，是图书馆数字资源的主要来源之一。

（3）通过著作权集体管理组织获得授权。著作权集体管理组织可以代表权利人授权、收取报酬并分配给权利人。发挥著作权集体组织的作用是图书馆解决海量版权授权难题的合理选择。

（4）通过出版商获得授权。出版社在处理版权问题方面有较丰富的经验积累和可行模式，获取的权利清晰，版权瑕疵较少。通过出版社获得图书授权，同时解决信息网络传播权与版式设计权授权问题，可以减少多方交易的烦琐。

（5）通过版权代理机构获得授权。版权代理机构接受权利人的委托，可以以被代理人的名义行使权利。在受到图书馆委托后，也可代理图书馆向权利人获取图书数字化利用的授权。

（6）向权利人争取无偿授权。接受捐赠是图书馆资源建设的方式之一。无偿获得版权转让与授权，既可以节约图书馆版权建设经费，又能促进数字资源的广泛传播，对图书馆与权利人而言是互惠双赢的模式。

（7）收集整理开放数字资源。此外，图书馆可以充分使用开放资源，如开放存取资源、使用知识共享协议资源等。开放资源在使用者尊重作者精神性及部分基础性权利的前提下，允许他人对其享有著作权的作品进行复制、发行、展览、表演、放映、广播或通过信息网络向公众传播，收集和整理这些著作权人全部放弃或部分放弃自己著作权的作品进行数字化与发布，可成为网络环境下图书馆获得授权的新兴方式。如果图书馆能将这部分权利人已经部分让渡权利的作品进行系统的加工、整合，将为图书馆节约资源建设经费，极大地丰富图书馆为社会公众服务的数字资源，同时合理、合法地将优质网络信息资源长期保存与传播。

图书馆通过各种方式获得授权时，必须注意以下几个方面。

（1）审查授权方是否具备授权资格。首先，要审核授权方是否具备相应的主体资格。转让方是自然人的，应具备相应的民事行为能力和民事责任能力；转让方是法人或其他组织的，应是依法成立，合法存续，具备持续经营能力的实体。❶

其次，要审核著作权人是否有权自由地转让该著作权或许可授权。例如，职务作品完成两年内，未经单位同意，作者不得许可第三人以与单位使用的相同方式使用该作品，在这种情况下作者没有权利单独自由地许可图书馆使用作品；如果著作权人已排他性授权第三方使用，例如将信息网络传播权等独家授权给出版社，则在排他性授权期限内

---

❶李华伟，等. 数字版权授权的多样性获得及其在国家数字图书馆工程中的应用研究［R］. 北京：国家图书馆，2012.

著作权人无权将该作品授权图书馆使用。再如，在与数据库集成商签订购买合同时，应要求其出具相应的版权证明材料，证明所提供数据库中的内容已获得作者、出版社等权利人的授权，确保版权无瑕疵。并且须在合同中明确约定一旦数据库出现侵权问题，一切法律和经济责任均由数据库集成商承担。

（2）签订著作权许可使用或转让合同。图书馆使用他人作品，无论是有偿获得授权还是接受著作权捐赠，通常须与授权方订立许可使用或转让合同，严格按照合同约定使用作品。许可使用或转让合同包括下列主要内容：

①许可使用或转让的权利种类，为满足图书馆需求，至少应包括复制权与信息网络传播权等；

②许可使用的权利是专有使用权或者非专有使用权，一般而言，图书馆的使用作品要求非专有使用权即可；

③许可使用的地域范围、期限，如局域网、互联网或认证用户使用，是否能与其他机构共享，是永久授权还是有使用年限；

④付酬标准和办法；

⑤双方的违约责任；

⑥双方认为需要约定的其他内容。

4.3 风险消解

图书馆需要构建版权应急响应机制，采取合法有效的措施处理版权高风险资源与服务活动，处置版权突发事件，一旦发生侵权危机，能够迅速响应，及时协调与应对，降低事件损害程度和不利影响。

（1）主动解决版权隐患。在版权风险评估阶段，已经细致梳理了各个环节和活动中的版权风险并且分级，图书馆对于发现的版权隐患与版权瑕疵可采取撤除服务等方式及时处理，避免侵权行为与范围进一步扩大甚至被追责。

（2）正面应对、及时响应版权纠纷。在图书馆进行数字资源建设与提供服务时，可能因图书馆自身原因或连带责任，使图书馆受到相关权利人的质疑甚至遭遇版权诉讼。在发生版权侵权纠纷后，可通过如下几种方式正面应对纠纷，减少侵权事件的负面影响。

①快速反应。危机发生后，应避免采取不恰当的应对措施，对权利人的质疑刻意回避、消极对抗，甚至不尊重事实，态度强硬地否认责任。❶ 回避只会使图书馆陷入被动局面，不

---

❶秦珂. 从一起信息导航服务典型版权案件谈图书馆对版权危机的管理 [J]. 管理学刊，2009（2）：98-102.

利于侵权纠纷的顺利解决。

②遵守规范。通常对于质疑作品应该立即停止服务提供，断开相关链接，尤其是属于数字资源提供商责任的相关作品，及时停止服务，能够在一定程度上减少图书馆因明知侵权而故意提供服务的连带责任。

③合理抗辩。合理抗辩能减少图书馆的侵权责任。在处理版权危机时，图书馆要积极抗辩，争取最大权益。❶ 虽然图书馆的公益性质并不能使图书馆免于侵权责任，但以图书馆是公益性文化机构，不以营利为目的提供服务为理由抗辩，能在一定程度上减少图书馆的侵权责任，减少赔偿金额。

④厘清责任，勇于承担。如果是外购数字资源的提供商责任，需要尽快通知数字资源提供商进行处理，并可以要求其提供替代作品保障服务，一旦作为共同被告被诉，则要求数字资源提供商赔偿实际损失和名誉损失；如果是自建资源，则需要图书馆充分核查版权归属与版权状态，如果确实侵权则赔礼道歉并协商赔偿损失，如果并未侵权则恢复服务；如果是用户违反版权规范，应按照数字资源版权授权合同约定或通过协商赔偿相关权利人损失。

⑤引导舆论。在一些版权纠纷案例中，图书馆本身并没有

---

❶秦珂. 从一起信息导航服务典型版权案件谈图书馆对版权危机的管理 [J]. 管理学刊，2009（2）：98-102.

责任或责任很小，主要侵权方在于数字资源提供商，但由于图书馆的社会形象，往往使之受到更多舆论关注，负面消息甚多。在这种情势下，图书馆一方面应该积极联系媒体；另一方面主动与权利人沟通，同时利用微博、微信公众号等自媒体，详细阐释缘由，厘清责任，属于图书馆责任的，勇于承认与承担，减少负面影响。同时，加强舆情监测，及时跟进回应。

（3）保护自有版权。图书馆自有版权遭遇侵犯时，可以通过协商谈判、请求行政执法部门处理或提起法律诉讼等方式，制止和防范他人的侵权行为。

（本章执笔人：邱奉捷，张若冰）

5 数字资源共建共享中的
版权风险防范

    如前所述，图书馆数字资源共建共享是指多个图书馆主体共同参与数字资源的建设与服务，如联合目录和联合编目、联合开发数据库、合作开发文化创意产品、联合采购数据库、数字文献传递、参考咨询服务协作、随书光盘共享等。从组织形式来看，有正式的、规模较大、持续时间较长、工作常规的共建共享，通常以图书馆联盟、共建共享项目的形式运行；有松散的、偶发的共建共享，如数字资源交换、一次合作开发项目等。

    相对于单个图书馆进行数字资源建设与服务，由于建设主体更多元，服务范围、服务方式扩大化多样化，共建共享中的版权问题也随之更为复杂。依照共建的方式、共享形式的不同，所面临的版权风险也有所不同。具体而言，数字资源共建共享的主要形式见表 5-1，本书将对每种形式所存在的版权风险与防范措施具体分析。

表 5-1　图书馆数字资源共建共享形式

资源获取方式	分布建设共同分享	合作建设共同分享	合作建设单独服务
集团采购		√	√
联合开发	√	√	
合作开发文化创意产品	√	√	
资源交换	√		
数字文献传递	√		

5.1　集团采购

集团采购是指多个图书馆组织起来联合采购某种资源，以最少的经费，获取最优价格、最佳服务和最符合需求的资源。这是图书馆资源共建共享在网络环境下产生的一种新方式。❶通过数据库资源的集团采购，各成员图书馆可以从数据库商那里争取到更优惠的价格，可以避免数据库商在数据库购买谈判

---

❶肖珑，姚晓霞. 我国图书馆电子资源集团采购方式研究 [J]. 中国图书馆学报，2004（5）：31-34.

时的"各个击破"。成员图书馆通过组织集团直接与数据库公司谈判价格，不仅省去了中间环节，减少了每个图书馆分别与数据库商讨价还价的精力和时间；还可以以集团的名义向数据库商提出要求，希望其提供更好的服务。❶

集团采购根据共建与共享方式的不同可以分为以下两种。

（1）合作建设单独服务：这是集团采购中最常见的一种方式，由各图书馆委托联盟代为进行集团谈判，获得优惠的价格和优质服务，但成员馆采购合同由各成员馆与数据库提供商自行签署，并各自承担合同中的法律责任和义务，采购的数据库不共享，只对本图书馆用户服务。例如，目前高校图书馆数字资源采购联盟（DRAA）的主要工作方式即如此。

（2）合作建设共同分享：这种方式各成员馆既共同采购数字资源，又将所购买资源在各成员馆之间共享。例如，巴基斯坦国际电子图书馆规划（NDLP）即采取这种方式，其数字资源的联合采购费用由政府统一拨付，由图书馆联盟管理机构进行统一采购。每个图书馆联盟成员缴纳小部分的费用就可以使用联合采购的数字资源。❷ CALIS 曾经采用过根据成员馆的数量，整个集团选择购买一定数量的并发用户，在集团内所有

❶杨毅，等. 集团采购：购买电子资源的有效方式［J］. 大学图书馆学报，2004（3）：6-9.

❷吴进琼. 国外图书馆联盟电子资源联合采购模式解析［J］. 图书馆学研究，2013（12）：76-78.

学校以并发用户的方式共建共享数字资源，比如 CALIS 统一购买了 OCLC Firstsearch 数据库的 16 个并发用户，共有 9 所学校共享这 16 个并发用户。也采取集团内各馆分别购买一部分内容，然后由集团内成员一起共享成员馆选择的所有内容的方式实现真正的共建共享，集团成员越多，共享的资源也就越多。❶

5.1.1 风险分析

集团采购的优势十分明确，同时，在图书馆联合起来进行集团采购的过程中，也可能面临版权风险。

5.1.1.1 因采购资源中含有侵权作品而承担连带责任的风险

连带侵权是集团采购数据库中面临的最主要的法律风险之一。在采购过程中，图书馆没有义务也无法对集成数据库中海量作品的版权情况一一筛查，无法确保该数据库是否包含侵权作品。图书馆如果采购了此类数据库，在面向用户提供该数据库的服务时便存在潜在的版权风险。近年来司法实践中数据库商侵犯著作权的案件屡见不鲜，图书馆因为购买数据库被卷入侵权纠纷中的情况也时有发生，如"李某某诉某大学侵犯著

---

❶杨毅，等. 电子资源集团采购模式的探讨 [J]. 图书情报工作，2005（9）：94-97，127.

作权纠纷案一审""殷某某与某图书馆侵犯著作权纠纷案"等（参见附录一和附录三）。

集团采购时，图书馆签署的数据库采购合同中一般会包含数据库的版权来源、版权归属、版权风险约定等条款，但现实采购协议的范本大多源自数据库提供商的格式合同，出于商业利益，可能会最大限度地规避自身责任，如果合同中版权瑕疵担保责任条款不清晰，数据库提供商将其版权瑕疵风险转嫁给图书馆，图书馆因此面临的版权风险将更大。

5.1.1.2 因版权争议适用法律而产生的风险

主要是采购国外资源时会面临此类问题。在采购合同中涉及争议解决方式和适用法律时，资源提供商和图书馆往往都不同意直接依据对方国内法律解决争议。不管最终是选择任何一方或是第三方国家和地区的法律管辖，还是直接依据国际条约或双边协定，如果作为采购方的图书馆不熟悉协议约定的管辖地的法律，一旦出现版权纠纷，法院将根据合同适用约定地版权法律制度解决争议，图书馆因此要面临的诉讼成本、被判版权侵权或违约的风险都相应增加。不可忽略的是，现实中图书馆极易因版权问题涉讼，所以谨慎选择解决争议的法律管辖地非常重要。❶

---

❶申庆月. 数字资源采访版权风险分析和防范 [J]. 图书馆杂志，2014（6）：24-28.

5.1.1.3 因使用范围界定模糊而产生的合同风险

在集团采购时，数据库提供商往往希望通过采购协议最大限度地限制图书馆的使用范围，因此会在授权用户范围、使用方式、技术措施限制等方面作出限制，而图书馆出于自身使命，倾向于争取最大服务权限，尤其是在"共同建设共同分享"的方式中，图书馆希望以最少的经费获取最大范围的共享。因此在集团采购时，同一个数据库可供哪些图书馆或哪些IP范围内的读者使用、是否可以远程访问、馆外的读者是否可以使用等关键性条款如果界定不清晰，不仅会给图书馆的数字资源服务带来风险，还可能导致集团采购成员馆之间的矛盾。❶

5.1.1.4 为最终用户的版权侵权行为承担责任的风险

图书馆采购数字资源的最终目的是为公众提供信息服务，但在提供信息服务的过程中，可能会为最终用户的非法使用行为承担连带侵权责任。作为数据库提供商，总是倾向于在合同中扩大图书馆承担此种责任的范围，如某数据库提供商的格式合同规定："订阅机构认可并同意包括通过本协议在如下规定条款下为订阅机构及其授权用户提供所有服务内容的远程访问方式。订阅机构同意为任何违反本条款之授权用户承担责

---

❶黄佩，刘兹恒. 图书馆联盟数据库资源共建共享的版权问题研究［J］. 图书与情报，2015（3）：56-60，76.

任。"图书馆有义务在提供数字资源服务时采取必要手段提醒和约束用户按照合同约定方式使用资源，如果图书馆未尽到适当的提醒义务，将面临为最终用户的版权侵权行为承担责任的风险。但类似要图书馆为授权用户的所有行为承担责任的相关条款约定过于苛刻，集团采购过程中要注意尽量避免此类条款。❶

综上所述，图书馆在进行数据库集团采购过程中涉及的版权问题主要分为两类：一类是版权法律风险，即因疏于版权审查和因用户的版权侵权行为而可能导致承担责任的风险；另一类是合同风险，指图书馆在签订采购合同中，因合同使用范围不清晰等原因而使图书馆面临经济损失等风险。

5.1.2　风险防范措施

在现行法律体制下，图书馆负责采购数字资源的工作人员应在全面熟知现行版权法律制度的基础上，在采购各个环节严把版权审查关，并且在合同签订环节和服务提供时与集团采购成员馆合作，最大范围争取图书馆的权益、集团采购联盟的利益，明晰版权责任，规避版权风险。

------

❶申庆月. 数字资源采访版权风险分析和防范 [J]. 图书馆杂志，2014（6）：24-28.

5.1.2.1 尽到合理注意义务，审查数据库内容的合法性

无论是统一采购还是图书馆各自与数据提供商签署合同，均须要求其出具有关的版权证明，以表明数据库中的内容经过了著作权人、出版社或其他相关权利人的授权，确保版权无瑕疵。并且须在合同中明确约定一旦数据库出现侵权问题，一切法律和经济责任均由数据库提供商承担。

5.1.2.2 明确图书馆拥有的权利

与数据库提供商签署的合同中，需要明确双方各自的权利和义务，特别是图书馆所享有的各种权利，并且利用集团采购的组织优势，与数据库提供商积极谈判，争取最有利和尽可能灵活的条款，争取权利最大化。例如，争取以下几种权利。

（1）访问权：允许用户通过何种方式、在什么地域范围或 IP 范围内访问，是否限制并发用户数或总访问量，合作图书馆是否能访问以什么方式访问等。

（2）复制权：图书馆或用户是否可以制作资源的数字复制件，用户是否能将所需要的数字资源下载到本地使用，用户是否能打印作品或作品的一部分等。

（3）文献传递权：是否允许合作图书馆之间进行文献传递等。

（4）长期保存权：图书馆是否能永久拥有所购买的数据库资源，包括有权将它们进行平台迁移，是否可以在数字资源不

在市场上流通后享有永久性的访问权。例如，DRAA 规定一般情况下联盟所购买数据库应有存档权，存档可采取联盟公共存档或成员馆自行存档的方式。此外，成员馆可以通过以下两种方式或其中的一种方式永久使用所购数据库：访问联盟公共存档或者成员馆自己存档的数据；数据库商提供永久访问的权限。

5.1.2.3　采用合理方式保护数据库的版权

集团采购成员馆在利用数据库时，应该遵守法律规定与合同约定，严格按照使用许可合同规定的使用范围、使用方式来提供服务。例如，不得将数据库进行非法复制、解密、修改，不得删除、隐藏或修改数据库提供商在数据内容中加入的版权声明、权利管理信息，不私设代理提供非成员馆用户使用，采取技术措施尽可能防止用户非法使用和滥用数据库，在发现非法使用时能够立即采取相应的措施等，确保数据库提供商及作品权利人的合法权益不受到损害。

5.2　联合开发

数字资源联合开发是指两个或两个以上的图书馆在技术、资源等方面互相协作，共同开发数字资源。联合开发能弥补图书馆技术、资金、人员的不足，避免重复建设，节约人力和资金，是目前图书馆之间合作的方式之一，也是图书馆资源建设的方式之一。

在联合开发时，无论开发的成品是特色资源库还是平台，在建设的环节还是提供服务的环节，都涉及版权问题。在资源建设环节，需要解决好使用的资源素材或平台的版权问题，保证版权无瑕疵，不侵犯他人权利；在提供服务的时候需要约定使用范围，不超出数字资源可以使用的范围，并且不侵犯合作者的权利；同时，对于开发过程中形成的自主知识产权，要约定版权归属，有相应的保护措施，保障自身权利不受侵犯。

5.2.1　风险分析

在联合开发中，由于参与双方或多方合作的方式可以多种多样，资源素材来源也多种多样，在版权方面容易存在问题和风险。

5.2.1.1　版权解决的责任约定不明引发的风险

在联合开发的时候，参与双方或多方共同建设的方式也是多种多样的。例如，两个图书馆联合开发某一类特色资源库，或多个图书馆结成地区同盟，共同开发地区或区域特色资源库。在开发过程中，可能会使用一些尚在版权保护期内的资源素材，或者部分资源需要甄别是否进入公有领域。这些素材的版权是由素材提供方解决，还是由联合开发组织机构（若有）统一解决，需要划分明确。如果对解决资源版权的责任划分模糊，会导致解决版权没有统一的规划和行动，致使效率不高，条理不清，甚至在今后的使用和提供服务中出现侵权风险。

5.2.1.2 资源版权瑕疵引发的风险

联合开发的数字资源素材类型可能会多种多样，如图书、期刊、报纸、照片、音视频等；资源的版权类型可能会是自有版权、其他来源版权或者公有领域，或者三种情况混合存在；联合开发的数字资源成果在使用的时候，可能会通过局域网、互联网、广播电视网、移动通信网等信息网络等多种服务渠道和服务方式进行使用，甚至还要进行载体转换、数据迁移、加工整合、数据备份、长期保存或者再向第三方进行转售、转授。如果负责解决版权问题的成员馆版权意识不强，或对于版权知识的储备不够，可能会导致未完全取得应该获取的权利，或所要求的版权使用范围小于今后实际使用时需要的范围。例如，图书馆根据合理使用条款建设的数字资源，可以在本馆局域网范围内使用，如果将这些数字资源素材用于联合开发，在合作图书馆范围内共享，可能会超出合理使用范围；再如，图书馆通过与权利人签署著作权许可使用协议获得数字资源素材的使用权，协议约定仅限于对该图书馆用户提供服务，则如果该图书馆这些数字资源素材用于联合开发，在合作图书馆范围内共享，会超出合同约定范围，侵犯他人权利。

5.2.1.3　权利归属约定不明引发的风险

联合开发是双方或多方共同参与开发数字资源。在联合开发时，合作双方的形式可以是多种多样的，比如，合作方均提供数字资源素材，共同建设；或者仅由一方提供数字资源素材，另一方负责完成建设平台、发布资源等工作；或者一方仅负责数字资源开发，另一方提供资金等。除了合作方图书馆自行开发外，其中一方或多方还可能将部分工作委托外包。

在联合开发过程中，根据合作的方式不同，开发出的数字资源的权利归属也不尽相同。如果参与联合开发的图书馆未以书面合同的形式约定所开发数字资源的权利归属，或约定得不明确，权利归属模糊的话，可能在今后使用数字资源或平台时出现版权纠纷，或导致自有知识产权流失。

5.2.2　风险防范措施

针对以上在联合开发中容易出现的版权问题，可以采取以下一些解决方法，降低侵权风险。

5.2.2.1　制定开发计划，明确版权解决目标

为了使联合开发中参与各方明确版权解决需要达到的目的，通过一系列与版权相关的环节厘清资源的版权问题，并彻底解决，在今后使用时避开侵权风险，应在项目开始时制订详细的项目计划书，在其中详细规定开发成果的使用方式、使用

范围等，以及解决版权的方案方法，使参与方明确版权解决的目标，从而各司其职，在各个环节完成与版权相关的工作目标。

5.2.2.2 明确分工

为了避免联合开发参与方分工不明、责任意识不强，应以合同的方式明确所开发的数字资源成果的版权应达到的目标，明确规定共建共享所需权利由联合开发中的哪一方或参与方共同解决，确保最终开发的成果无版权瑕疵，不侵犯第三方的权利，一旦出现侵权风险的应对机制及违约责任等。以合同正式约定的形式能让解决版权的责任方对版权问题高度重视，提高工作效率。

5.2.2.3 梳理资源素材版权

为了避免在开发过程中或最后一步才发现部分资源通过各种途径仍无法解决版权的情况，需要逐一厘清开发的资源素材是否有版权瑕疵，图书馆所拥有的版权或者使用权是否能在版权许可范围内进行开发和共享，首先确认已解决好版权问题或能够解决版权问题，从而确保开发时对资源的建设工作都是有效的，避免项目在时间、人力、物力、财力上蒙受损失。暂时未解决版权问题的，可参照本报告第 4 章中风险预控的方法，或利用公有领域资源，或利用其他法规政策支持，或通过各种方式取得著作权授权，从而获得联合开发与共享所需的版权。

5.2.2.4 明确约定版权归属

联合开发参与机构的建设方式不同，版权的归属可能也不尽相同。在分布开发资源共享的方式下，可能联合开发图书馆对自身建设的数据库或资源库享有完整权利，在使用时，各方共享使用权。例如，"世界数字图书馆"项目、国家图书馆与上海图书馆等单位共同建设的《中国近代文献联合目录》数据库等；合作建设共同分享的方式下，可能参与方共同享有资源库内资源的权利。具体的版权归属需要参与机构之间明确约定。合同中还须约定今后联合开发的数字资源若用于任何第三方使用，须参与方其中一方同意即可还是需要共同同意，以免侵犯合作方的权益。

5.2.2.5 保护自有权利

图书馆在进行数字资源联合开发时，往往也创作了具有自主知识产权的各类型作品，如开发的计算机程序、汇编各类作品形成的新作品等，根据不同的情形图书馆享有不同的权利，但是很多图书馆往往忽略这部分权利的保护，以至于带来不必要的损失。例如，如果联合开发过程中涉及委托其他方进行部分或全部工作，或者共同编辑等形式的加工所形成的智力成果，应视情况约定著作权的归属，否则，按照我国《著作权法》第十九条规定，受委托创作的作品，合同未作明确约定或者没有订立合同的，著作权属于受托人。在这种情况下，若图书馆本意是享有全部或部分著作权，但未订立合同或未在合同中明确约定，则可能导致自主知识产权流失的后果。同时也须约定许可及合作利益分配、后续改进的权属和使用等，并注明保密义务。

对于联合开发的数字资源，还须加强知识产权保护技术研发，通过数字媒体加密、用户行为检测、数字水印等必要技术手段防范图书馆知识成果被侵权。

5.3 合作开发文化创意产品

文化创意产品是在既有的知识、信息、科技和经验基础上，通过创造性活动产生作品、技术方案、商标及商业秘密等综合知识产权，并通过将这些知识产权有机组合形成具有市场价值的产品。❶ 图书馆的文化创意产品覆盖范围比较广泛，常见形态包括围绕图书馆核心文化元素而创造开发的 IP（Intellectual Property）衍生品、音视频资源、专题数据库、计算机软件等。

开展文化创意活动，开发文化创意产品，是激发图书馆创新活力与潜力，提升服务效能，"活化"图书馆馆藏资源，满

---

❶杨祝顺. 我国文化创意产业知识产权保护的现状与策略 [J]. 武汉理工大学学报（社会科学版），2017，30（2）：103-108.

足公众个性化文化需求的重要方式之一。图书馆文化创意活动与知识产权的关系密不可分，涉及著作权、专利权、商标权、商业秘密、集成电路布图设计等知识产权，涵盖知识产权创造、运用、保护、管理的各个环节。图书馆应尊重知识产权，避免在文化创意活动开展、文化创意产品开发过程中侵犯他人知识产权，同时，也应重视建立起以著作权保护为核心，涵盖专利权、商标权、商业秘密的全面、系统的知识产权保护体系。其中，版权问题主要发生在文创产品设计、复制、发行和营销过程中，本书将重点阐述合作开发文化创意产品涉及的版权问题。

5.3.1　风险分析

在联合开发中，由于参与双方或多方合作的方式可以多种多样，资源素材来源也多种多样，在版权方面容易存在问题和风险。

5.3.1.1　版权解决的责任约定不明引发的风险

在合作开发时，可能会使用一些尚在版权保护期内的文献素材作为开发基础，这些素材的版权是由素材提供方解决，还是由合作开发组织机构（若有）统一解决，需要划分明确。如果对解决资源版权的责任划分模糊，会导致解决版权没有统一的规划和行动，致使效率不高，条理不清，甚至在今后的使用和提供服务中出现侵权风险。

5.3.1.2　资源版权瑕疵引发的风险

对于馆藏的大部分文献，图书馆仅是收藏者，而不是文献的著作权人。在以馆藏文献为素材设计、开发文化创意产品时，可能会因资源存在版权瑕疵而侵犯版权。

5.3.1.3　权利归属约定不明引发的风险

与联合开发类似，合作开发文化创意产品是双方或多方共同参与开发。合作双方的形式可以是多种多样的。比如，合作方均提供资源素材，共同开发；或者仅由一方提供资源素材，另一方负责完成开发、服务、宣传营销等工作；或者一方仅负责文化创意产品开发，另一方提供资金等。除了合作方图书馆自行开发外，其中一方或多方还可能将部分工作委托外包。

在合作开发过程中，根据合作的方式不同开发出的文化创意产品版权归属也不尽相同。如果参与合作开发的图书馆未以书面合同的形式约定所开发文化创意产品的权利归属，或约定得不明确，权利归属模糊的话，可能在今后行使文化创意产品权利时出现版权纠纷，或导致自有版权流失。

5.3.2　风险防范措施

5.3.2.1　梳理资源素材版权

在以馆藏文献为素材设计、开发文化创意产品时，需要做好筛查检测，根据馆藏文献的版权状态，加强文化创意产品开发过程中的版权监控，避免侵犯他人版权。

图书馆馆藏文献的版权状态可分为已进入公有领域和未进入公有领域两种情况，在以馆藏文献为素材开发文化创意产品时，须注意以下问题。

（1）公有领域文献：已进入公有领域的文献，图书馆可充分进行创意开发和利用，无须征得权利人的同意，也不需要支付使用费用。图书馆馆藏古代文献中的珍贵、稀缺资源通常是作为文化素材开发文化创意产品的重点，一般已进入公有领域。使用公有领域文献进行创意开发活动应注意避免出现严重影响作品原貌、歪曲作者原意、误导公众认知的设计。

（2）未进入公有领域文献：图书馆如果作为文化素材开发文化创意产品，需要获得授权，与权利人签订版权授权协议。

5.3.2.2　确定著作权归属

（1）图书馆员工设计的文化创意产品。首先，需要确定图书馆员工设计的文化创意产品是否符合作品成立的条件；其次，需要判断该文化创意产品的形式，如文字作品、产品设计图、计算机软件等；最后，需要区分该文化创意产品是否为职务作品。按照《著作权法》第十八条规定，图书馆员工为完成本馆工作任务所创作的作品为职务作品。职务作品的著作权归属分为两种情况，即有下列情形之一的职务作品，员工享有署名权，著作权的其他权利由所在图书馆享有，图书馆可以给予作者奖励：

①主要是利用图书馆的物质技术条件创作，并由图书馆承担责任的工程设计图、产品设计图、地图、计算机软件等职务作品；

②法律、行政法规规定或者合同约定著作权由图书馆享有的职务作品。

若不属于上述情形，则著作权由作者享有，但图书馆有权在其业务范围内优先使用。作品完成两年内，未经图书馆同意，作者不得许可第三人以与该图书馆使用的相同方式使用该作品。

（2）艺术授权：图书馆的馆藏资源中有大量能体现文化艺术内涵的艺术作品，如书法、字画、拓片、图片形象等，可以借鉴博物馆、美术馆的方式进行艺术授权。

①艺术授权内容：艺术授权是以馆藏品等所体现的文化艺术内涵为依托的授权标的物知识产权的授权体系，授权标的物主要来自馆藏品、商标、建筑等通过数字化形成的图像、文字、标识、声音、影像。❶包括对图书馆艺术作品著作权的授权，即

---

❶王秀伟. 试论博物馆艺术授权的结构模式与价值链 ［EB/OL］. http://www.sohu.com/a/229237383_488370.

以数字化的文化艺术符号为授权标的物的授权，以及图书馆的品牌授权、商标授权等类型。

其中，图书馆艺术作品著作权包括：馆藏艺术作品仍处于著作权保护期内，图书馆通过著作权转让、授权许可等方式获得的著作权；图书馆对馆藏艺术作品以摄影、摄像等方式二次创作而产生的著作权，即虽然图书馆收藏资源并不意味着拥有著作权，但是对馆藏资源拍摄的图片、采集的数据、馆藏研究成果等享有著作权，可以进行授权。

②签订授权协议：图书馆就馆藏资源进行艺术授权，需要签订授权协议，包括但不限于如下内容：

a. 授权标的；

b. 授权方式；

c. 授权许可使用经费及支付方式；

d. 授权期限、使用方式、使用范围；

e. 双方权利义务；

f. 版权归属；

g. 争议处理方式等。

需要注意的是，对版权归属合同未约定或约定不明的，按照法律规定版权为实际发明创造人、作品创作人（即被授权人）所有。因此，图书馆应注意通过合同明确约定以所授权标的为基础所创造的新的版权归属。

（3）委托开发：图书馆委托其他机构或个人合作开展文

化创意活动时，须注意以下版权问题。

①在开发环节阶段，需要解决使用的文化素材相关的版权问题，保证版权无瑕疵，不侵犯他人权利。

②开发过程中形成的版权，需要订立合同明确版权归属。受委托创作的作品，合同未作明确约定或者没有订立合同的，版权属于受托人。因此，为了保护自身权利，图书馆在委托开展文化创意活动时，须注意明确约定版权归属，约定许可和利益分配、后续改进的权属和使用等，并注明保密义务。

（4）图书馆联盟合作开发：由多个图书馆主体共同参与组成的图书馆联盟，一般不是单位法人，在设计、开发文化创意产品时，对所产生的文化创意产品是否享有版权，需要遵从联盟章程或图书馆共同约定（参见示例：全国文化创意产品开发联盟运作形式节选）。版权的所有者可以为自然人、法人或者非法人组织，因此如果约定归图书馆联盟所有，联盟可以成为版权的所有者。（专利权则与之不同，专利申请人应具备两个条件：具有专利权利能力的公民或法人；具有专利申请的申请权。若图书馆联盟并非法人组织，则不能享有专利权。）

5.3.2.3 保护自有版权

（1）图书馆在合作开展文化创意活动时，应及时将创意转化为文字、美术作品、影视作品、数据库等形式，将文化创意思想产权化。可通过署名、著作权声明等形式直接表明权利人，亦可自行或委托依法设立的代理机构向国务院著作权行政管理机构办理著作权自愿登记，并制定一套相对全面的自有版权保护、运用和管理策略。

（2）根据文化创意产品的版权状态设计服务形式、服务对象、服务范围等，对产品的获取和再利用方式应当符合版权要求。

（3）面向服务用户加强版权宣传引导，同时接受用户关于版权的监督和反馈。

示例：全国文化创意产品开发联盟运作形式（节选）❶

1. 宏观规划方面

联盟在履行规定职能的同时，积极组织力量开展国内外博物馆、图书馆、美术馆文创研发调研及业务交流活动，加强理论指导实践，探索图书馆界文化创意产品开发新模式；充分发挥行业引领作用，指导联盟成员加强文创资源的共建共享，互联互通；积极争取财政、政策、税收等支持，建设国内图书馆文创发展有利环境。

---

❶全国文化创意产品开发联盟章程（节选）［EB/OL］.［2022－01－12］. http://www.tsgwclm.com/home/about/detail.html？id＝24.

2. 产品研发方面

文创联盟成员除自主开发具有本馆特色的文创产品外，也可依托文创联盟平台进行文创产品开发，通过文创联盟开发出的产品原则上需有联盟 LOGO 等信息。具体产品研发方式包括以下 3 种。

（1）委托研发。联盟成员之间可以开展相互委托研发合作，委托方可将不存在版权或所有权争议的本馆特色馆藏元素整理后交至受托方或上传到指定平台，由受托方组织文献、设计、市场等方面专家对元素进行评估、设计并打样，产品最终形态由委托方审核，审核通过后方可进入正式生产，委托研发细则参照相关协议。产品的知识产权由委托方与受托方共享，涉及二次授权等行为由双方协商解决。

（2）委托在线授权。文创联盟牵头与阿里巴巴等商业平台建设全国图书馆文创在线授权平台，联盟成员可将不存在版权或所有权争议的本馆特色馆藏元素整理后在平台上进行在线授权，相关授权方式另行议定。

（3）其他方式。除以上文创研发方式外，结合实际情况，积极探索新型的、适合图书馆的文创研发模式。

3. 产品推广营销方面

（1）实体营销：各联盟成员负责在包括本馆在内的地区开设图书馆文创产品销售实体店。秘书处负责建设汇集各馆文创产品的产品数据库平台，对产品的元素使用、创意设计、知识产权、定价、折扣等信息进行详细标注，各成员单位可通过平台选择意向产品，产品选定后由产品供应方与申请方按照相关协议开展营销行为。

（2）在线营销：由秘书处在淘宝、天猫等平台建设统一的图书馆文创在线交易平台，各成员单位可将本馆文创产品委托秘书处进行在线营销，秘书处负责交易平台的日常维护及管理工作，在线营销细则详见相关协议。

（3）品牌推广：通过联盟会议的形式制定图书馆文创整体推广规划与实施方案，借助中国图书馆学会（中图学会）、中国博物馆及相关产品与技术博览会（博博会）、中国国际文创产品交易会（文交会）、授权展等平台，积极推动图书馆文创产品走出去，致力于打造图书馆共有文创品牌。

4. 业务交流与人才培养

（1）联盟发起馆制订年度业务交流与人才培养计划，并委托秘书处具体执行。通过培训、专题研讨、业务交流等形式，加强文创工作专职岗位技能培训，提高从业人员素质。

（2）以联盟形式积极开展对外合作，加强中华优秀传统文化的市场转化力，互利共赢。

（3）组织、协助成员参加有关国内外及行业性文化交流培训项目。

5. 其他

通过联合策划项目等方式申请国家或地方相关资金支持。

5.4　资源交换

　　资源交换是图书馆开展馆藏建设、实现信息资源共建共享的一种补充方式。图书馆通过与其他文献信息单位建立资源交换关系，向对方提供其所需的本馆馆藏资源，从而换取本馆所需的文献信息资源。以中国国家图书馆为例，目前其已经与世界上117个国家和地区的国家图书馆、公共图书馆、大学图书馆、专业图书馆以及科研机构等500多家单位建立了出版物交换关系。❶ 资源交换作为图书馆与其他文献信息单位之间进行合作共享的一种特殊形式，有利于图书馆加强彼此之间的业务往来，实现互通有无，以经济节约的方式丰富馆藏资源，对图书馆建设和补充一些珍稀资料具有重要意义。

　　在传统图书馆业务中，图书馆资源交换的对象一般是图书、期刊、报纸、光盘、缩微平片等实体馆藏的复本。近年来，随着信息技术的快速发展，数字资源建设中共建共享的趋向已经形成，图书馆之间资源交换的内容和形式都发生了很大转变，围绕数字资源而开展的各种交换活动日益丰富，在图书馆数字资源建设中发挥了重要作用。

---

❶国家图书馆. 交换业务 [EB/OL]. [2021-08-05]. http://www.nlc.cn/chubanwu/jhyw.html.

从形式上看，在实体馆藏的交换活动中，随着馆藏的转移，所交换馆藏的所有权归属发生了转移，一般情况下图书馆有权对其交换所得的实体文献进行处分，包括提供阅览、外借、交换甚至剔除等。但在数字资源交换活动中，交换对象变得更为复杂。与传统的实体型文献资源相比，数字资源对信息设备的依赖性非常明显，其载体形态、传输方式及存取服务方式等都具有与实体馆藏完全不同的新特点，这些新特点对数字资源的生产、流通与利用产生了重要影响。在数字资源交换中，数字资源的虚拟化特征决定了交换活动不再是"以物易物"的实体交换，而是双向的信息传播与交流，实际上是数字资源的复制和传播行为，附带版权等多种抽象属性的流动。因此，数字资源交换活动为图书馆带来了潜在的版权风险，要求图书馆在开展交换活动的同时必须处理好版权问题。

5.4.1 风险分析

从版权角度看，数字资源交换活动包含图书馆对外授权和获取资源授权两个方面，在这两项活动中，存在版权权属相关的侵权风险。一方面，图书馆作为数字资源提供者，在对外提供数字资源的活动中，需要注意保护版权；另一方面，图书馆通过交换从外部引进资源，需要防止出现所获取数字资源存在版权瑕疵的情况。

5.4.1.1　侵犯复制权的风险

从广义上看，数字资源包括在线数字资源和离线数字资源。无论是在线数字资源还是离线数字资源，作为交换对象，一般都是通过复制制作的复本，在线数字资源一般由图书馆完成复制，离线数字资源可能由图书馆或者资源的生产者完成复制。可以说，复制是开展资源交换首当其冲的环节。如果是由图书馆完成复制工作，那么作为提供方的图书馆必须首先确认自身是原始权利主体，或者提供的是公有领域资源，或者根据著作权法的相关规定已经取得复制权；同样，作为获取方的图书馆也应确认提供方是原始权利主体，或者提供的是公有领域资源，或者通过各种继受方式已经取得复制权，否则将带来侵犯复制权的风险。

5.4.1.2　侵犯发表权的风险

发表权即"决定作品是否公之于众的权利"，是属于作者的一项精神权利，发表权通常不能转移。所谓"公之于众"，是指披露作品并使作品处于为公众所知的状态。如果交换对象是从未以任何方式公开发布的数字资源，如学位论文、私人书信等，如果对方图书馆需要将交换资源提供服务，除非是本馆直接创作的作品，否则图书馆进行这类资源的交换就存在侵犯作者的发表权的风险。

5.4.1.3 侵犯信息网络传播权的风险

对于交换数字资源，图书馆一般会将其用于长期保存或者各种形式的读者服务之中，其中，通过信息网络形式开展读者服务是最主要的利用方式。随着信息技术的发展，图书馆数字资源服务形式也不断丰富，逐渐打破以往局域网服务的局限，越来越多地通过互联网、移动通信网、数字电视等形式提供图书馆服务，这些以有线或无线的信息网络向公众提供资源且公众可在选定时间和地点获取资源的服务，都属于我国著作权法规定的信息网络传播权的范畴。如果图书馆交换资源不能获得一定范围的信息网络传播权，则服务无从谈起。

5.4.2 风险防范措施

解决数字资源交换中的版权问题，涉及多个主体、多个环节的工作，图书馆应在识别风险的基础上，有针对性地采取风险防范措施，提升对本馆交换业务的管理水平，同时严格对交换资源提供单位及其交换资源的审查管理。

5.4.2.1 严格审查版权

图书馆开展资源交换主要涉及版权中各项财产权的转移，因此在开展资源交换之前，应严格审查拟交换资源的版权状态，确定本馆有权开展交换资源业务，重点审查复制权、发表权、信息网络传播权、汇编权等权利归属情况。同样，图书馆也需要确认交换资源的提供单位拥有相应资源的处分权。图书馆应尽可能建立规范流程来开展版权审查工作，同时应制定一套规范的审查方法，完成版权所有者身份核实和版权授权文件审查，甄别不同来源、不同类型拟交换资源的版权归属。

5.4.2.2 订立合同

从经济的角度看，数字资源交换属于商品交易活动，应正式订立交易合同，以使交易双方的权利得到充分的法律保障。订立数字资源交换合同的基本原则是"平等互利"，实现双方交换资源的价值对等及权利对等，并确保合同有效。根据数字资源交换形式的不同，交易合同形式也不同，可能通过一个统一的"交换合同"约定，也可能分别签订"资源提供合同""资源引进合同"或者其他形式的合同。总之，不论合同形式如何，都应明确相关方的权利和义务，其中，必须约定版权转让或许可授权的相关事宜。

5.4.2.3 按照合同约定使用

在订立资源交换相关的合同以后，交换双方就必须严格执行合同，在合同约定范围内开展交换资源的各项利用活动。对于超出合同约定范围的使用，特别是信息网络传播的范围，应严格禁止，以防止著作权侵权。

5.4.2.4 保护数据安全

在数字资源交换业务中，数据传递、保存和服务过程都涉及数据安全管理问题，确保数据安全也是提高版权保护能力的一种重要方式。为防止交换资源的数据被非法获取和使用，图书馆可从物理安全、访问控制安全和用户安全三个方面着手，制定数据安全策略，应用计算机技术防范版权风险。在物理安全方面，不但要加强数据交换过程的载体安全控制，同时也要提高数据在组织、整合、保存和服务利用中的数据安全；在访问控制安全方面，一般采取数据加密的形式，防止数据被非法获取、篡改；在用户安全方面，主要是控制用户范围和使用权限，根据合同约定对不同范围的用户开放其对应的使用权限，同时，明确提示用户应尊重版权，合法使用资源。

5.4.2.5 保留版权管理信息

版权管理信息是数字资源的版权说明，一般附着在数字资源中。在数字资源的流转过程中，版权管理信息极易遭到修改或消除，从而给权利人造成损失。图书馆在数字资源交换业务中，应重视保留完整的版权管理信息，以便开展版权审查和版权追踪工作，保护权利人的合法权益。

5.5 数字文献传递

数字文献传递是以图书馆馆藏资源和各类数据库为基础，以其他图书馆和各个情报机构为外延，由专业图书馆员帮助读者检索所需要的文献资料，并以复制服务为中间环节，通过网络传递给读者。图书馆在进行文献传递过程中涉及对文献的复制、扫描、拍照等行为，涉及作品的复制权问题，尤其是对于仍然在权利保护期的作品和未发表的学位论文等，在使用的时候需要极其谨慎。

5.5.1　版权风险分析

5.5.1.1　侵犯复制权的风险

数字文献传递的基础来源有两种：对实体馆藏作品以扫描、拍照等方式数字化后形成的数字资源；对已有数字资源（自建或采购）复制。另外，文献传递过程中还可能涉及系统自动缓存。文献传递的数字资源本质上是将资源的复制件进行传递，因此文献传递行为在法律上来说是涉及复制权的行为。如果传递的文献不属于法律所许可的范围或未得到版权人的许可，就会有侵犯复制权的风险。

5.5.1.2　侵犯信息网络传播权的风险

《信息网络传播权保护条例》中涉及图书馆合理使用的条款仅限于图书馆"通过信息网络向本馆馆舍内服务对象提供本馆收藏的合法出版的数字作品和依法为陈列或者保存版本的需要以数字化形式复制的作品"，而文献传递已经超出本馆馆舍内服务对象的范畴，不适用该条款。条例中还规定了"为学校课堂教学或者科学研究，向少数教学、科研人员提供少量已经发表的作品"为合理使用，该条款对使用目的和提供数量都有限制。因此，如果图书馆在未经授权或者许可的情况下、超出合理使用目的或数量的数字文献提供行为，会有侵犯信息网络传播权的风险。

5.5.1.3　侵犯发表权的风险

如前文所分析，图书馆馆藏中有许多未发表的作品，如果图书馆将这一类作品通过数字形式传递给用户而没有征得相关权利人的同意，这类行为可能涉及侵犯作者的发表权。

5.5.2　风险防范措施

5.5.2.1　审核目的，控制数量

如果是未获得权利人授权的数字文献传递行为，需要严格按照合理使用的条款来操作，数字文献传递的目的必须以个人学习和研究为前提，用户首先要向图书馆提交数字文献传递申请，明确自己的使用目的限于个人学习和研究。同时，控制数字文献传递的数量，避免一次性传递整本图书、大量论文等明显超出合理使用之规定的行为。

5.5.2.2　提醒用户保护版权

《国际借阅与文献传递：原则与程序方针》中规定："提供文献的图书馆有责任通知发出请求文献的图书馆应遵循相应

的版权限制。"❶ 在数字文献传递的过程中，图书馆有义务而且必须注意传递文献的合法性，并提醒接收文献传递的图书馆、用户遵守版权限制。

首先，在文献传递服务的介绍中，应附上"版权声明""版权公告"等，告知用户在使用该服务时应该遵守的规则，以及违反规定所需要承担的责任；其次，在用户申请文献传递服务时，需要填写相关申请单，在申请单中也要附上类似的声明和提醒，规定用户获得所传递数字文献后不得随意传播或非法利用；最后，对于作者在作品上明确声明不得传递的，文献机构不得对其进行传递，否则将承担一定的版权侵权责任。在传递文献的过程中，任何时候都不能修改作品的版权信息或删除该信息。❷ 版权提醒不仅有助于规范用户行为，也能减少图书馆共同侵权或承担侵权连带责任的风险。

5.5.2.3 应用技术保护措施

数字文献传递服务由于其便利性，文献更易扩散，更容易发生侵权行为，通过技术手段进行版权保护是一种直接和有效的方式。近年来，各国开始注重技术措施在数字文献服务过程中的保护版权，通过电子加密、水印技术、用户身份认证等对

---

❶IFLA. 国际借阅与文献传递：原则与程序方针 [EB/OL]. [2021-12-20]. http:www. ifla. org/VI/2/p3/ildd. htm.

❷陈传夫，等. 文献传递的版权风险与规避策略 [J]. 四川图书馆学报，2004（1）：73-76.

数字文献进行处理。例如，美国采用 Ariel 文献传递系统传输文献，该系统在文献传递行为完成后，会自动删除电子文献副本。❶ 英国国家图书馆使用加密电子文献传递方式（SED），这是一种集扫描、文件格式转换、传递于一体，并能够对传递的 PDF 文件进行加密处理的文献传递方式，其传递的文件只能由系统合法用户查阅与打印，不存在非授权的扩散，从技术上解决了被传递文献版权保护问题。❷ 技术措施的应用为数字文献传递工作避免版权侵权加强了保障。

---

❶郑文晖. 高校图书馆文献传递服务版权保护及风险防范策略研究［J］. 图书馆工作与研究，2016（7）：36-40.

❷黄佩，刘兹恒. 图书馆联盟数据库资源共建共享的版权问题研究［J］. 图书与情报，2015（3）：56-60，76.

附录 图书馆版权纠纷相关案例及点评[1]

附录一 殷某某与金陵图书馆侵犯著作权纠纷案

江苏省高级人民法院民事判决书

（2005）苏民三终字第 0096 号

殷某某因与金陵图书馆侵犯著作权纠纷一案，不服江苏省南京市中级人民法院（2005）宁民三初字第 49 号民事判决，向本院提起上诉。本院于 2005 年 9 月 12 日受理后，依法组成

---

[1]附录中判决书援引法条均为案件当时的法律条款。

合议庭，于 2005 年 10 月 18 日公开开庭审理了本案。殷某某和金陵图书馆的委托代理人汪旭东、王晓婕到庭参加诉讼。本案现已审理终结。

一审法院查明：

中国人民解放军南京政治学院主办的《南京政治学院学报》2000 年第 3 期上刊登了署名"李某某、殷某某"的《马克思恩格斯人口生态思想探析》（以下简称《人口生态探析》）一文。

2004 年 2 月，一审法院已经生效的（2003）宁民三初字第 205 号民事判决书认定：殷某某系《南京政治学院学报》2000 年第 3 期发表的署名为"李某某、殷某某"的《人口生态探析》一文的唯一作者。

2001 年 1 月 11 日，中国学术期刊（光盘版）电子杂志社（以下简称中国期刊杂志社）与南京政治学院学报签订了《CNKI 期刊全文数据库收录协议书》。此后，中国期刊杂志社将《南京政治学院学报》每期资料编入其所有的网络数据库进行信息服务，登载于中国期刊网，并由清华同方光盘股份有限公司（以下简称"清华同方公司"）制作成《中国学术期刊（光盘版）》发行。

2003 年 12 月 4 日，金陵图书馆与清华同方公司签订了《CNKI 数据库订置合同》，金陵图书馆选择以"镜像站点"方式订购清华同方公司提供的数据库和服务。其中约定：金陵图书馆内部人员可不限次数使用该数据库；有权且限在本单位内部网上为本地区读者提供检索咨询服务。镜像用户可将数据库安装到本单位内部网上使用。

2004 年 7 月 6 日，殷某某在金陵图书馆电子阅览室，向工作人员要求调阅并打印《人口生态探析》一文。该工作人员打开电脑，输入相关名称，调出《人口生态探析》一文，即时打印一份，共 3 页。殷某某支付资料打印费 3.00 元。对上述过程，南京市公证处进行了公证，并出具了（2004）宁证内经字第 42413 号公证书。殷某某为该公证行为支付公证费 1000 元。

2005 年 4 月 11 日，殷某某为本案诉讼支付律师费 1500 元，邮资费 3.8 元，交通费 15.6 元。

一审法院认为：

殷某某作为《人口生态探析》一文的作者，依法享有著作权。图书馆作为非营利性的文化事业单位，收藏文献、保存信息、提供检索，并以"有限提供"的方式向社会公众传播信息是其主要职能。图书馆在采购、收藏各种介质的图书、期刊时所应尽的主要注意义务是购买合法出版物。《中国学术期刊（光盘版）》及其数据库是经国家批准并依法公开发行的合法电子刊物，金陵图书馆以合同方式并支付对价取得清华同方公司提供的该电子刊物，已经尽到合理的审查注意义务，对于所收藏的正版刊物中是否存在侵犯他人著作权的作品，金陵图书馆没有具体的审查义务。

《人口生态探析》一文发表于《南京政治学院学报》虽然有违殷某某本意，但因该文在发表时并无不得转载、摘编的特别声明，《中国学术期刊（光盘版）》作为电子期刊，依据同南京政治学院学报签订的协议约定，在《中国学术期刊（光盘版）》中转载《人口生态探析》一文符合我国著作权法的规定，属于依法转载的行为，并未侵犯殷某某就该文享有的复制权、发行权。金陵图书馆的收藏行为不违反法律规定，属于合法的收藏行为，不构成对殷某某复制权的侵犯。

金陵图书馆与清华同方公司在《CNKI 数据库订置合同》中选择的是"镜像站点"服务方式，其对所购置的数据库并没有管理权限。该数据库包括自 1994 年至 2003 年国内公开发行的主要学术期刊内容。殷某某要求金陵图书馆销毁收录有《人口生态探析》一文的任何形式复制品，显然属于过度扩张其权利，因为销毁该数据库给金陵图书馆所可能造成的损失，远远大于传播《人口生态探析》一文给殷某某所造成的损害，对此难以支持。鉴于殷某某诉中国期刊杂志社、清华同方公司侵犯著作权一案的（2005）一中民终字第 3460 号生效判决已经责令中国期刊杂志社、清华同方公司停止复制、发行、网上传播殷某某的涉案作品，殷某某阻止未经其许可发表的涉案作品继续传播的目的应该能够实现，其要求金陵图书馆销毁购买的数据库既不经济，也无必要，对该项诉讼请求不能支持。

　　金陵图书馆向读者提供馆藏《中国学术期刊（光盘版）》及其数据库中有关文章的查询、打印，在性质上是一种文化和信息的传播方式，符合我国著作权法促进文化、科学和艺术作品传播的立法宗旨，不能将其雷同于著作权法意义上的发行行为。根据金陵图书馆与清华同方公司签订的《CNKI 数据库订置合同》内容看，金陵图书馆使用该数据库的范围、权限和方式都是受到严格限制的，这也是防止图书馆滥用法律豁免，侵害著作权人利益所必需的。从殷某某提交的证据看，并不存在大量复制、出售或赠予涉案作品复制品，而使著作权人的利益受到损害的事实。金陵图书馆应殷某某的要求，检索并打印1 份涉案作品，是为读者摘录相关信息所提供的一种便利，并不违反我国著作权法的规定。

　　金陵图书馆向读者收取打印费并不能证明其有利用作者作品营利的目的。其一，该费用是打印费，而不是出售复制品的费用；其二，图书馆提供打印服务必然有设备损耗、纸张和劳务支出，有偿服务未必不可；其三，打印服务的目的是满足读者个人学习、研究或欣赏需要，与公开兜售复制品有明显区别；其四，打印费用收取标准是否合理，应当由国家物价管理部门监督检查，与本案无涉。因此，殷某某认为金陵图书馆向读者提供涉案作品的查询、打印，侵犯其对该作品的发行权和获取报酬权的主张，没有事实和法律根据，不能支持。

　　综上，殷某某请求确认金陵图书馆相关行为侵犯其涉案作品复制权、发行权、获得报酬权的事实依法不能成立，其在此基础上提出的所有诉讼请求均应当予以驳回。

据此，一审法院根据《中华人民共和国著作权法》第一条、第十条第一款第（五）、（六）项、第二款、第二十二条第一款第（一）项、第三十二条第二款的规定，判决：驳回殷某某的诉讼请求。案件受理费 500 元，由殷某某负担。

殷某某不服一审判决，向本院提起上诉称：①一审判决片面、错误地引用法律，认定《中国学术期刊（光盘版）》转载涉案侵权作品系合法转载，金陵图书馆收藏《中国学术期刊（光盘版）》及其数据库属于合法收藏行为，不构成著作权侵权是错误的。按照我国著作权法实施条例的规定，可以合法转载的作品系指经著作权人自行或许可他人发表的作品，而本案中，作为涉案作品的著作权人殷某某从未自行或许可他人将其作品发表，亦未默许其他报刊可以合法转载，侵权人李某某默许其他报刊可以合法转载涉案侵权作品的行为，依据我国民法通则的规定，应属于一种无效的民事行为，而一审法院却将其认定是有效的。②一审判决认定金陵图书馆没有侵犯殷某某的发行权是错误的。根据我国著作权法关于发行权的规定，金陵图书馆向读者提供侵权作品的行为就是一种发行行为，而不是一审判决中认定的"不能将其雷同于著作权法意义上的发行行为"；金陵图书馆与第三人清华同方公司之间签订的任何协议都不能约束殷某某，亦不能证明金陵图书馆行为的合法性；金陵图书馆向读者提供打印服务也不属于我国著作权法规定的"为个人学习、研究或者欣赏，使用他人已经发表的作品"的行为，一审判决认为金陵图书馆打印的目的是满足读者个人学习、研究或欣赏需要，但金陵图书馆从未出示过任何证据证明此点。③一审判决认定金陵图书馆没有营利的事实错误。金陵图书馆虽是非营利性单位，但并不意味着其向读者提供的服务就一定是非营利性的。金陵图书馆没有提供证据证明其收费的合法性，其提供的收据既不是行政事业费收据，也不是国税或地税的正规营业发票，这部分收费既逃避了国家的税收，也逃避了国家物价部门的监督；打印行为和打印对象密不可分，对于读者来讲，其购买的不是金陵图书馆的打印行为，而是打印件及打印的内容，故金陵图书馆收取的费用不是所谓的打印费；金陵图书馆取得的是一种纯收入，尽管打印消耗的费用必然会产生，但金陵图书馆没有提供证据证明该收费全部用于补偿消耗。④一审判决无视殷某某的其他合法权益，对殷某某要求金陵图书馆停止传播涉案侵权作品的合法请求未予支持。据此，请求撤销一审判决，依法予以改判。

金陵图书馆庭审中辩称：金陵图书馆是面向社会公众提供文化传播的公益性单位，其主要职能就是收藏尽可能多而全面的文献资料并向社会公众提供借阅服务。在这一过程中，图书馆所应尽的义务就是审查其购买的是否为合法出版物，而本案中，金陵图书馆所订购的《中国学术期刊（光盘版）》及其数据库是依法公开发行的合法电子刊物，其合理的审查义务已经尽到；金陵图书馆并未侵犯殷某某的复制权和发行权，因殷某某前往金陵图书馆调阅并打印涉案作品，虽然打印是由金陵图书馆的工作人员完成的，但此复制行为是应殷某某的要求而为，实质上复制人是殷某某而非金陵图书馆，且金陵图书馆应读者要求提供的打印服务也不属于"发行"，因金陵图书馆作为公益性的图书馆，其向社会公众提供的是馆藏资料的借阅服务，与出售或赠予是完全不同性质的行为；金陵图书馆亦未侵犯殷某某的获得报酬的权利，因金陵图书馆未侵犯殷某某的发行权，也就谈不上对其获得报酬权的侵犯。综上，一审法院认定事实和适用法律正确，请求依法驳回殷某某的上诉，维持原判。

本案二审的争议焦点为：1）金陵图书馆收藏含有《人口生态探析》一文的电子数据库产品是否侵犯了殷某某对该作品享有的复制权；2）金陵图书馆向读者提供数据库产品中《人口生态探析》一文的查询、打印服务是否侵犯了殷某某对该作品享有的发行权和获取报酬权。

双方当事人二审中举证、质证及本院认证情况：

金陵图书馆于二审庭审结束后提供了一份由中国期刊杂志社出具的《证明》，以证明其原收藏的含有《人口生态探析》一文的数据库光盘已被收回，不可能再向读者提供《人口生态探析》一文的查询、打印服务。经双方当事人同意,本院对金陵图书馆提供的上述证据进行了补充质证,殷某某在质证中对该证据表示认可。本院对该证据亦予以确认。

本院二审审理查明:

双方当事人对一审法院查明的事实均无异议,本院予以确认。

另查明:

(1) 北京市第一中级人民法院已经生效的(2005)一中民终字第3460号民事判决书查明事实部分认定:1997年9月4日,国家新闻出版署同意清华大学创办中国期刊杂志社。1999年7月8日,清华同方公司成立。1999年8月2日,国务院新闻办公室《关于清华大学申请集成期刊上网的批复》载明:"同意清华大学集成《中国学术期刊(光盘版)》收入的3500种期刊和另外3100种公开出版的期刊上网,开设'中国期刊网'站。"之后,中国期刊杂志社和清华同方公司制作了中国学术期刊过刊全文光盘及数据库,除以光盘形式发行外,并在"中国期刊网"上提供。

2001年1月11日,南京政治学院学报与中国期刊杂志社签订了《CNKI期刊全文数据库收录协议书》,授权中国期刊杂志社将其刊物每期全文资料编入数据库进行信息服务。协议签订后,中国期刊杂志社将南京政治学院学报每期资料编入其所有的网络数据库进行信息服务,登载于中国期刊网,并由清华同方公司制作成《中国学术期刊（光盘版）》发行。该判决书同时认定，鉴于《人口生态探析》一文已从中国期刊网上删除，已出售的光盘已经脱离中国期刊杂志社和清华同方公司的控制，故可以采取在中国期刊网上刊登声明的变通方式以消除影响。并据此判决中国期刊杂志社和清华同方公司停止复制、发行、网上传播殷某某《人口生态探析》一文，在中国期刊网上刊登声明为殷某某消除影响，并赔偿殷某某的经济损失。

（2）2004年7月6日，金陵图书馆电子阅览室的工作人员应殷某某的要求调阅的《人口生态探析》一文，系从金陵图书馆安装的电子数据库光盘中调取。

（3）金陵图书馆原购买并收藏的含有《人口生态探析》一文的电子数据库光盘已被中国期刊杂志社收回并销毁。

本院认为：

（一）金陵图书馆订购含有《人口生态探析》一文的电子数据库产品时已尽到合理的注意义务，其收藏该数据库产品没有过错。理由是：金陵图书馆作为向社会公众提供其馆藏资料借阅服务的公益性机构，其基本职能就是搜集、收藏尽可能多而全面的文献资料供社会公众借阅。而图书馆在搜集资料过程中所应尽的义务就是审查其购买的资料是否为合法出版物。本案中，《中国学术期刊（光盘版）》及其数据库是经国家批准的依法公开发行的合法电子刊物，金陵图书馆通过签订合同并支付对价的方式取得该电子数据库产品，已经尽到合理的注意义务。至于该电子数据库产品中是否存在侵犯他人著作权的情形，金陵图书馆对此没有审查义务。

（二）金陵图书馆订购的涉案电子数据库产品中含有《人口生态探析》一文是由于李某某、南京政治学院学报编辑部以及中国期刊杂志社和清华同方公司在先的侵权行为所致，不是金陵图书馆的责任。虽然《人口生态探析》一文在南京政治学院学报上发表有违殷某某的本意，但中国期刊杂志社和清华同方公司在不知情的情况下，将客观上已发表且未声明不得转载、摘编的《人口生态探析》一文收录进涉案电子数据库并发行的行为，属于合法转载，不构成对殷某某就该文享有的复制权、发行权的侵犯，只是依法应当向殷某某支付相应的报酬。金陵图书馆在不知情且已尽到合理注意义务的情况下，通过合法渠道订购并收藏该电子数据库产品的行为，亦不构成对殷某某就该作品享有的复制权的侵犯。

（三）金陵图书馆应读者要求，向读者提供《人口生态探析》一文的查询、打印服务并未侵犯殷某某就该文享有的发行权和获取报酬权。理由是：根据我国著作权法的规定，发行是指以出售或者赠予的方式向公众提供作品的原件或复制件的行为。本案中，虽然从形式上看，打印行为是由金陵图书馆的工作人员进行操作的，但因该打印行为是应读者殷某某的要求进行的，且金陵图书馆收取的只是打印费，因此该行为实质上是金陵图书馆为读者借阅活动提供便利服务，并收取相应服务费的行为，不属于著作权法意义上的发行行为，亦不构成对殷某某对该文享有的发行权的侵犯。金陵图书馆的行为既然不侵犯殷某某的发行权，亦谈不上对其获取报酬权的侵犯。

（四）金陵图书馆对其订购和收藏的涉案电子数据库产品中含有侵犯他人著作权的作品虽然没有过错，但是其在获知该电子数据库产品中收录的《人口生态探析》一文侵犯殷某某的著作权，且殷某某要求停止该文的复制和传播时，金陵图书馆应当停止向读者提供《人口生态探析》一文的查询和打印服务。但是鉴于金陵图书馆原收藏的含有该文的数据库光盘已被收回并销毁，其客观上已不可能再通过数据库光盘向读者提供《人口生态探析》一文的查询、打印服务。故本案中再判决金陵图书馆停止向读者提供该文的查询、打印服务已无必要，一审法院判决驳回殷某某要求金陵图书馆停止复制、传播《人口生态探析》一文的诉讼请求并无不当。

综上所述，殷某某的上诉理由缺乏事实和法律依据，本院不予支持。一审判决认定事实清楚，适用法律正确，应予维持。依照《中华人民共和国民事诉讼法》第一百五十三条第一款第（一）项的规定，判决如下：

驳回上诉，维持原判。

二审案件受理费 500 元，由殷某某负担。

本判决为终审判决。

审 判 长　汤小夫

代理审判员　吕　　娜

代理审判员　王天红

二○○五年十一月二十四日

书 记 员　孙成祥

【点评】

图书馆向读者提供数据库的查询、打印，不同于著作权法意义上的发行行为。该案原告误认定图书馆为读者提供检索、打印服务为非法复制、传播，提出金陵图书馆从未出示过任何证据证明为读者提供数据库内容打印的目的是满足读者个人学习、研究或欣赏需要。虽然该案原告败诉，图书馆未有侵权行为，读者申请的打印、复印服务属于"合理使用"范畴，但也提醒图书馆有必要对读者进行版权保护意识教育，在适当位置标识提供复制服务的合法性和限制，在读者复制时让其签署相关规定文件，声明复制的目的是满足读者个人学习、研究或欣赏需要。

附录二　周某某与辽宁省图书馆、黑龙江省图书馆、吉林省图书馆作品署名权纠纷案

哈尔滨市中级人民法院民事判决书

(2006) 哈民五初字第 10 号

原告周某某与被告辽宁省图书馆（以下简称"辽图"）、被告黑龙江省图书馆（以下简称"黑图"）、被告吉林省图书馆（以下简称"吉图"）作品署名权纠纷一案，本院受理后，依法组成合议庭，公开开庭进行了审理。原告周某某的委托代理人周南、周全，被告辽图的委托代理人杜希林，被告黑图法定代表人王海泉及其委托代理人吴秀明、卢刚到庭参加诉讼，被告吉图经本院合法传唤，无正当理由拒不到庭参加诉讼。本案现已审理终结。

原告周某某诉称：《东北地区古籍线装书联合目录》一书是由全国古籍整理出版规划领导小组资助，东北三省图书馆主编并自筹部分资金出版的。原告作为该书的策划者，于 1986 年在辽宁省丹东市的三省图书馆协作会上被正式确定为副主

编。历时十余年，从黑龙江省图书馆古籍线装书的重新分编著录到全省古籍线装书目录的合片汇编，这些为编纂该书所必须完成的最基本的重要任务，都是在原告亲自动手和指导下进行的，原告尽到了副主编的职责。原告是该书的策划者、指定副主编、总编委会中黑龙江省编委会的主编和该书第一大类经部的主编，而该书编委会名单中却没有原告作为主编、副主编的署名。请求：①被告恢复原告在《东北地区古籍线装书联合目录》编委会中第一副主编的署名，对该书遗漏原告署名的启事印成单篇寄给该书的所有参编图书馆并附入已出版的该书中，在该书重印时增加原告编委会第一副主编的署名；②被告在《光明日报》《中国图书馆学报》及东北三省各图书馆学刊上刊登赔礼道歉启事，承认原告应享有的署名权；③被告给付原告作为副主编应得的报酬和奖励；④被告赔偿原告精神损害费1000元；⑤被告赔偿原告因制止侵权行为所支出的合理开支。

被告辽图未提交书面答辩状，庭审中辩称：本案的焦点是原告是否有署名的权利。第一，目录一书为单位作品，系由三被告联办，是代表被告意志，由被告承担责任的。在出版、出资等方面都是由被告负责，被告有完全的著作权。原告不享有该书的署名权，因此被告不存在侵权的问题。法院应驳回原告的诉讼请求。第二，目录是单位作品，而不是原告主张的职务作品，原告付出的是劳务而不是创作。

被告黑图未提交书面答辩状，庭审中辩称：对原告主张的事实没有异议，原告主张的在该书中起的作用和所处位置符合事实，原告请求恢复署名是合情合理的。但是，辽图的答辩意见合法。

被告吉图未作答辩。

在本院开庭审理过程中，原告和被告为证明各自诉辩主张的事实成立，举示了证据并发表了质证意见。

原告周某某举示的证据有：

证据 A1，协作委员会办公室 1991 年 11 月 12 日出具的致周某某的通知函件。拟证明：周某某是《东北地区古籍线装书联合目录》编委会副主编。

证据 A2，黑龙江省图书馆原馆长王盛茂的证言。拟证明：周某某是《东北地区古籍线装书联合目录》一书的策划者，在三省协作会议上被定为副主编。

证据 A3，《东北地区古籍线装书联合目录》主编韩锡铎的证言。拟证明：周某某是《东北地区古籍线装书联合目录》的副主编，在编纂中作出了很大贡献，故曾拟将他作为主编之一；以韩某某、周某某和王某名义于 1998 年向国家古籍小组申请出版资助，得到了人民币 4 万元。

证据 A4，张玉琴的证言。拟证明：在辽宁丹东会议上，周某某被指定为副主编；他认真完成了该书编纂工作。

证据 A5，《东北地区古籍线装书联合目录》编委王洪生的证言。拟证明：周某某是该书的副主编。

证据 A6，梁信义的证言。拟证明：为该书的编撰做了大量工作。

证据 A7，《东北地区古籍线装书联合目录》经部编委会副主编兰某某的证言。拟证明：周某某为该书的编撰做了大量工作，作出了很大贡献。

证据 A8，《东北地区古籍线装书联合目录》经部编委陈爱燕的证言。拟证明：周某某退休后返聘回黑图，为该书的编撰做了大量工作，作出了很大贡献。

证据 A9，《东北地区古籍线装书联合目录》编委林学军的证言。拟证明：周某某退休后返聘回黑图，担负经部总编审的工作责任，为该书的编撰做了大量工作，作出了很大贡献。

证据 A10，黑龙江省图书馆原副馆长夏国栋的证言。拟证明：周某某退休后返聘回黑图，为该书的编撰做了大量工作，作出了很大贡献。

证据 A11，《关于〈东北地区古籍线装书联合目录〉编委会的设置及我省入选人员的意见》。拟证明：黑图建议周某某为《东北地区古籍线装书联合目录》主编。

证据 A12，《东北地区古籍线装书联合目录》收录范围。拟证明：收录范围及分类表很重要，原告在黑龙江早已组织编撰。

证据 A13，《东北地区古籍线装书联合目录》后记。拟证明的问题同上。

证据 A14，原告发表的《杂谈古籍与图书馆的古籍整理》。拟证明：《东北地区古籍线装书联合目录》的名称是原告最先提出的。

被告辽图认为：对原告证据 A1 至证据 A11 的真实性无异议，但辽图没有接证据 A11；该书没有副主编；证据 A12 至证据 A14 已超过举证期限，不予质证。

被告黑图认为：对原告证据的真实性无异议，是事实；证据 A12 至证据 A14 与本案无关。

被告辽图举示的证据有：

证据 B1，《东北地区古籍线装书联合目录》分类表。

证据 B2，《东北地区古籍线装书联合目录》的收录范围（草案）。

证据 B3，《东北地区古籍线装书联合目录》的总编汇总规则。

证据 B4，《东北三省古籍线装书联合目录》分类表。

证据 B5，《东北地区古籍线装书联合目录一》首页、版权页、编委会名单。

证据 B6，三省总编第三阶段工作要求。

证据 B7，《东北地区古籍线装书联合目录》审校工作要求。

证据 B8，《东北地区古籍线装书联合目录》总编汇总试行规则（一）。

证据 B9，卡片录入规则。

证据 B10，参加单位简称表。

证据 B11，《东北地区古籍线装书联合目录》第二次编委扩大会议纪要。

证据 B12，《东北地区古籍线装书联合目录》最后排序参加馆任务分工表。

证据 B13，《东北联目》卡片总数。

证据 B14，《东北地区古籍线装书联合目录》总编分类表。

证据 B15，《东北地区古籍线装书联合目录》出版预算分配方案。

证据 B16，付款发票。

以上证据拟证明：《东北地区古籍线装书联合目录》的作者是黑吉辽三省图书馆，对此书有全权的责任，该作品反映的是单位意志，不应署个人的名字。

原告周某某认为：对被告辽图证据的真实性没有异议，但不能证明被告的主张。

被告黑图认为：对辽图的证据无异议。

被告黑图举示的证据有：

证据 C1，《东北地区古籍线装书联合目录》后记。拟证明：1986 年东北三省图书馆协作会议决定联合编制由黑龙江省图书馆提议的《东北地区古籍线装书联合目录》。

证据 C2，东北三省图书馆协作委员会致周某某副主编的函。拟证明：周某某是《东北地区古籍线装书联合目录》编委会的副主编。

证据 C3，《关于〈东北地区古籍线装书联合目录〉编委会的设置及我省入选人员的意见》。拟证明：黑图明确提出建议周某某任《东北地区古籍线装书联合目录》三省编委会主编。

证据 C4，2004 年 11 月 21 日周某某致黑图的"关于《东北地区古籍线装书联合目录》编辑的一些情况及署名被侵权的问题"函。拟证明：周某某在《东北地区古籍线装书联合目录》编撰过程中的地位和作用。

证据 C5，2005 年 1 月 18 日周某某致黑图的"关于《东北地区古籍线装书联合目录》编辑的一些情况及署名被侵权问题的一些补充"。拟证明的问题同上。

证据 C6，2005 年 2 月 1 日黑图致辽图"就我馆周某某研究馆员署名被取消一事致辽宁省图书馆的函"。拟证明：黑图对具体事实的陈述及对此问题的积极态度和所做的努力。

原告周某某对被告黑图的证据没有异议。

被告辽图认为：对黑图的证据无异议，但辽图没有收到黑图举示的证据 C3。

被告吉图未举示证据。

综合分析各方当事人的诉辩主张和举示的证据及发表的质证意见，本院确认：

《东北地区古籍线装书联合目录》的"前言"和"后记"记载：1986 年，在长春召开的东北三省公共图书馆协作会议上，黑图提出了联合编撰东北三省古籍线装书联合目录的建议，得到辽宁、吉林两省的回应。后确定三省图书馆协作编制《东北地区古籍线装书联合目录》，由辽图牵头。

1991 年 11 月 12 日，协作委员会办公室致函原告，称原告为副主编，通知为加快《东北地区古籍线装书联合目录》编辑进程，拟召开第二次工作会议。

2002 年 2 月，黑图向《东北地区古籍线装书联合目录》编委会出具《关于〈东北地区古籍线装书联合目录〉编委会的设置及我省入选人员的意见》，主要内容为：《东北地区古籍线装书联合目录》负责人韩锡铎对编委会的设立、组成提出分两级设立编委会，第一级：三省编委会；第二级：分设编委会。根据韩锡铎的意见，同意分两级设立编委会，并提出黑龙江省入选三省编委会人员名单：由本省主编馆、副主编馆及收入联目的古籍 1000 种以上成员馆的有关人员组成：黑龙江省图书馆（8833 种）：周某某（建议任主编）。

2003 年 12 月，辽图、吉图、黑图主编的《东北地区古籍线装书联合目录》由辽海出版社出版发行。该书将周某某列为经部编委会主编和黑龙江省编委会主编。

2005 年 9 月，黑龙江省图书馆原馆长王某某、《东北地区古籍线装书联合目录》主编、辽宁省图书馆原馆长韩某某、

《东北地区古籍线装书联合目录》编委、齐齐哈尔图书馆古籍部原主任王某某、黑龙江省图书馆参考部原主任梁某某、《东北地区古籍线装书联合目录》经部编委会副主编兰某某、《东北地区古籍线装书联合目录》经部编委陈某某、《东北地区古籍线装书联合目录》编委林某某、黑龙江省图书馆原副馆长夏某某、黑龙江省图书馆参考部原主任张某某分别出具证言证实：原告周某某退休前原系黑龙江省图书馆研究馆员，一直从事古籍整理、研究工作；周某某提议编撰《东北地区古籍线装书联合目录》一书；东北三省图书馆决定编撰《东北地区古籍线装书联合目录》后，确定周某某为副主编；周某某一直负责黑龙江省的《东北地区古籍线装书联合目录》编撰工作，是黑龙江省图书馆乃至黑龙江省此项工作最主要的劳动者。

原告周某某没有举示有关证明其作为副主编应得的报酬和奖励以及因制止侵权行为所支出的合理开支等经济损失的证据。

本案争议的焦点是：①原告周某某是否被告主编的《东北地区古籍线装书联合目录》编委会第一副主编；②如何确定被告的责任。

本院认为：辽图、黑图、吉图是《东北地区古籍线装书联合目录》的主编，应对该书承担责任。辽图、黑图亦持此诉讼主张。

根据黑龙江省图书馆原馆长王盛茂关于周某某是《东北地区古籍线装书联合目录》一书的策划者，在三省协作会议上被定为副主编的证言，根据《东北地区古籍线装书联合目录》主编、辽宁省图书馆原馆长韩某某关于周某某是《东北地区古籍线装书联合目录》的副主编，在编纂中作出了很大贡献，故曾拟将他作为主编之一的证言，根据协作委员会办公室称周某某为副主编的公函，足以认定周某某应是《东北地区古籍线装书联合目录》的副主编。另外，各方当事人确认无异的参与《东北地区古籍线装书联合目录》编撰的王某某、韩某某、王某某等人的证言证实，周某某为《东北地区古籍线装书联合目录》的成书进行了大量编撰、组织、指导工作和创造性的劳动，其劳动成果已为被告所确认并使用于该书，亦足以认定周某某履行了副主编的职责，起到了副主编的作用，应享有编委会副主编的署名。应当指出的是，本院作出这一判定的上述证据已得到各方出庭当事人的确认，并有黑图举示且经辽图确认真实的黑图向《东北地区古籍线装书联合目录》编委会出具的关于黑图编撰收入联目的古籍款目数量和建议周某某为三省编委会主编的证据 C3《关于〈东北地区古籍线装书联合目录〉编委会的设置及我省入选人员的意见》作为佐证，与辽图和黑图举示的有关证据一致。辽图在庭审中已确认上述证据和事实，与其答辩中所持原告付出的是劳务而不是创作的主张相矛盾，本院对辽图的答辩主张不予采信。

虽然该案没有提供周某某与被告之间的书面合同，但是，该书协作委员会办公室致周某某的公函和黑图《关于〈东北地区古籍线装书联合目录〉编委会的设置及我省入选人员的意见》足以证实，存在着被告确定周某某为副主编的事实并根据编撰古籍款目数量将周某某列为三省编委会副主编的约定。黑图是《东北地区古籍线装书联合目录》的主编之一，其与周某某的约定对作为该书主编的各被告及其设立的该书编委会具有法律约束力，而无论辽图和该书编委会是否收到了黑图向《东北地区古籍线装书联合目录》编委会出具的《关于〈东北地区古籍线装书联合目录〉编委会的设置及我省入选人员的意见》，也无论该书是单位作品还是职务作品，并且即使被告拥有该书的著作权，亦受其组稿时向周某某所作出承诺的约束。辽图在诉讼中举示了大量证据证明被告享有《东北地区古籍线装书联合目录》的著作权，而周某某对被告关于黑图、辽图、吉图合作编撰并享有该书著作权的主张没有提出异议，且著作权问题并不是本案争议的焦点。没有证据表明周某某放弃署名等权利为被告进行编撰创作，并且也不能认定周某某为被告进行大量创造性的劳动却不主张任何权利。不能因为被告主张该书的著作权，被告就可以违反其与周某某关于该书署名的约定。依照《中华人民共和国著作权法》第十六条的规定，法律、行政法规规定或者合同约定著作权由法人或者其他组织享有的职务作品，作者享有署名权。辽图关于因为被告享有该书的著作权，所以周某某就不享有该书署名权，因此被告也就不存在侵权问题的抗辩主张，与理不合，与法相悖，不成立，本院不予采信。

　　被告无视周某某为该书的编撰所作出的大量编撰、组织、指导创造性劳动，在出版的《东北地区古籍线装书联合目录》中没有将周某某列为编委会副主编，违背了公平、诚信原则，违反了自己的承诺，构成违约，侵犯了周某某的署名权，应承担相应的责任。被告应将周某某列为《东北地区古籍线装书联合目录》编委会副主编，采取相应更正和弥补措施，并在适当的报刊上刊登向周某某赔礼道歉的启示。但周某某请求被告在诸多报刊上刊登赔礼道歉的启示不当；因周某某没有举示有关证明其作为副主编应得的报酬和奖励以及精神损害和因制止侵权行为所支出的合理开支等损失的证据，故本院对周某某的这些诉讼请求不予支持。

　　综上所述，原告周某某的诉讼请求部分有理，本院对有理部分予以支持；被告的抗辩主张不成立，本院不予采信。依照《中华人民共和国民法通则》第一百一十八条和《中华人民共和国著作权法》第十条第一款第（二）项、第十一条第二款、第二十四条、第二十六条、第四十六条第（十一）项的规定，缺席判决如下：

　　一、原告周某某为《东北地区古籍线装书联合目录》编委会副主编；

　　二、被告辽宁省图书馆、被告黑龙江省图书馆、被告吉林省图书馆在已印制的《东北地区古籍线装书联合目录》中增加原告周某某为编委会副主编的修正页，附入该书，并发送给全部参加该书编撰的单位，于本判决生效之日起三十日内履行；

三、被告辽宁省图书馆、被告黑龙江省图书馆、被告吉林省图书馆在《中国图书馆学报》和《古籍整理研究学刊》上发表增加原告周某某为《东北地区古籍线装书联合目录》编委会副主编、向原告周某某赔礼道歉的启事，内容须经本院审核，于本判决生效之日起三十日内履行。如被告辽宁省图书馆、被告黑龙江省图书馆、被告吉林省图书馆逾期不履行，原告周某某可申请本院在《中国图书馆学报》和《古籍整理研究学刊》上发表本判决的主要内容，费用由被告辽宁省图书馆、被告黑龙江省图书馆、被告吉林省图书馆承担；

四、被告辽宁省图书馆、被告黑龙江省图书馆、被告吉林省图书馆在重印《东北地区古籍线装书联合目录》时增加原告周某某为编委会副主编；

五、驳回原告周某某的其他诉讼请求。

案件受理费 1000 元，由被告辽宁省图书馆、被告黑龙江省图书馆、被告吉林省图书馆负担。

如不服本判决，可在判决书送达之日起十五日内，向本院递交上诉状，并按对方当事人的人数提出副本，上诉于黑龙江省高级人民法院。

审　判　长　李靖海

代理审判员　刘亚军

代理审判员　常榆德

二〇〇六年三月二十日

【点评】

与此案相近的是"崔某某与辽宁省图书馆、黑龙江省图书馆、吉林省图书馆侵犯作品署名权纠纷案",也是诉诸法律要求在《东北地区古籍线装书联合目录》上的署名权。

图书馆在开展文献编目、数据库建设、参考咨询服务等日常业务工作的过程中,通常会产生一些体现图书馆员智慧、具有独创性的工作成果,其中部分成果属于我国《著作权法》保护的对象,但这类作品的著作权问题并未引起著作权人和图书馆业界的普遍重视。本案例给图书馆的著作权管理工作带来了积极启示,一方面,图书馆必须重视厘清业务工作中创作作品的著作权归属,清晰明确的版权状态有利于作品的传播利用和价值提升,同时有利于保护著作权人的创作积极性;另一方面,图书馆需要加强自身作品的著作权保护,包括对本馆法人、团体组织和图书馆员以各种著作方式创作作品的保护,从资源建设的角度看,这些作品构成机构知识库的重要内容。从著作权管理的角度看,系统化管理著作权对本馆的日常业务和科学研究的发展都具有重要意义。

附录三　李某奎诉北京理工大学侵犯著作权
纠纷案一审

民事判决书

（2007）海民初字第 21102 号

　　原告李某奎诉被告北京理工大学侵犯著作权纠纷一案，本院受理后，依法组成合议庭，公开开庭进行了审理。原告李某奎及其代理人宋瑞英，北京理工大学的委托代理人王建国、林巍到庭参加诉讼。本案现已审理终结。

　　原告李某奎诉称，我享有《国际通行职业资格认证考试指南》（以下简称《指南》）一书的著作权，全书共 188 千字，2003 年 4 月由西南财经大学出版社出版。2007 年 5 月 30 日，我发现被告未经允许，在其图书馆网站上免费提供在线阅读、下载涉案书的电子版。对此我进行了公证，并制作了光盘。被告的行为侵犯了我享有的信息网络传播权，故诉至法院，请求判令被告：（1）停止侵权，删除网站涉案图书。（2）在《中国教育报》公开道歉，连续 30 天在图书馆网站首页公开道歉。（3）赔偿损失 18 800 元（按照每千字 100 元计算），公证费 1020 元，交通费 332 元，以上共计 20 152 元。

被告北京理工大学辩称，我校是涉案电子图书的最终用户，不是制作者和销售者。我校在向北京北大方正电子公司（以下简称"方正公司"）购买涉案图书时，对版权问题尽到了合理的注意义务，在主观上不存在侵权的故意。后方正公司把全部此项业务转移给北京方正阿帕比技术有限公司（以下简称"阿帕比公司"）。我校对已上传的数字图书无法自行删除，只有阿帕比公司派人来我校才能完成删除工作。在接到原告的起诉书后，我校通知阿帕比公司，该公司立即到我校进行了删除工作。原告曾与西南财经大学出版社和阿帕比公司达成协议，约定原告收到就使用该书行为给付的补偿款后，对出版社及阿帕比公司于 2006 年 12 月 27 日之前使用《指南》一书的行为不再追究责任。我校购买《指南》数字图书系在李某奎同意的上述免责期限内，不构成侵权。我校作为最终用户，主观上不存在过错，客观上也没有实施侵权行为，且涉案图书已经删除，故请求法院驳回原告的诉讼请求。

经审理查明，原告李某奎是《国际通行职业资格认证考试指南》的作者，该书综合汇集了金融、审计、会计、保险等多种国际职业资格认证考试的基本情况介绍，包括报考条件、考试时间和费用、考试内容等。2003 年 4 月，该书由西南财经大学出版社出版，字数为 188 千字，定价 20 元，没有标明印数。

上述事实，有原告提交的《指南》一书在案佐证，被告对此不持异议。同时，原告表示授权内容不包含信息网络传播权。

2007 年 5 月 30 日，原告委托北京市公证处进行公证，在被告校园内上网，输入网址 http://lib.bit.edu.cn，进入北京理工大学图书馆页面，陆续点击"电子图书""Apabi 电子图书"，进入 Apabi 数字资源平台，下载阅读软件进行安装，通过搜索"李某奎"，找到涉案图书，可选择"在线阅览"和"借阅"，点击"借阅"，可以下载图书页面。上述公证过程和内容被逐页拷屏。同时公证的还有《WTO 反倾销协定释义》一书的内容。该公证收费 1020 元。

以上事实，有原告提交的（2007）京证经字第 14298 号公证书及收费单据在案佐证，被告不持异议。

原告还提交了如下维权费用票据：购买电话充值卡 50 元，支付复印费 50 元，出租车费 106 元和餐费 126 元，后两项原告称均为公证当天接送公证员及与公证员吃饭时发生。

被告认为，复印费收据不是正式发票。电话费过高，车费四次不合理，饭费与本案无关。

被告提交如下证据：

（1）供货合同，证实方正公司与被告于 2004 年 9 月 21 日签订协议，约定被告向方正公司购买 Apabi 电子资源产品，包括系统软件。原告认为该证据与本案无关。

（2）方正 Apabi 软件产品使用许可协议书，证实西南财经大学出版社于 2003 年 1 月 28 日与方正公司签约，约定出版社通过购买方式，获得方正公司授予的 Apabi 软件使用权，出版社可以以制作电子书为目的，使用方正公司的软件。方正公司负责电子书的销售，与出版社分成。原告对此证据及证明的事实予以认可。

（3）Apabi 授权书目清单，证实西南财经大学出版社将包含涉案图书的 722 本数字图书授权给方正公司进行销售，并承诺已经获得作者授予的信息网络传播权。原告对此证据的真实性提出异议，并认为与本案无关。

（4）和解协议，证实 2006 年末，原告发现 Apabi 数字图书馆中使用了其《指南》一书的内容，经与阿帕比公司及西南财经大学出版社协商，2006 年 12 月 28 日，原告就协商结果出具如下承诺：李某奎在收到西南财经大学出版社 20 035 元后，不再就 2006 年 12 月 27 日之前阿帕比公司使用《指南》一书，向阿帕比公司或出版社主张权利；方正公司必须在同年 12 月 27 日之后停止使用《指南》一书。原告对此证据的真实性予以认可，但表示阿帕比公司与本案无关，上述协议仅限于针对上海交通大学 Apabi 数字图书馆使用行为的赔偿。

（5）汇款收据和招商银行借记通知，证实阿帕比公司与出版社共同向原告支付了 20 040 元。原告对上述证据的真实性予以认可，但表示该款系为支付上海交通大学使用行为的赔偿。

（6）阿帕比公司于 2007 年 11 月 7 日为被告出具的情况说明，证明在数字图书馆删除图书需要一定的时间，且删除技术复杂，需要其技术人员亲自到各图书馆进行现场删除。因 Apabi 数字图书馆数量较多，且大部分是外地学校，开始进行删除工作的时间又恰逢学校放假，给删除工作造成了延迟。同时提交的还有 5 份撤书证明，证实阿帕比公司陆续派人到各大学进行涉案图书删除工作的情况。对此，原告表示删除技术不复杂，只须把服务器关闭即可。客户范围广是由于侵权造成。被告长期不删除存在过错。

（7）阿帕比公司于 2007 年 6 月 11 日出具的撤书证明，证实该公司于 2007 年 6 月 5 日派工程师到被告处将涉案图书撤架。原告对该证明证实的情况不予认可。

（8）方正公司销售给被告电子图书内容的光盘，证实销售时间为 2004 年 9 月 21 日，该销售行为在西南财经大学出版社和阿帕比公司与原告达成和解协议之前。原告当庭要求查看光盘中文件的生成时间，当庭打开光盘后，涉案图书的文件创建时间为 2003 年 12 月 26 日，包含上述图书的经济管理类 jjgl24 文件夹的生成时间为 2004 年 7 月 26 日。原告仍认为上述证据没有经过公证，时间可以改动。

（9）业务转移协议，证实方正公司于 2006 年 4 月 30 日将数字内容事业部的资产和业务及相应的权利义务转给阿帕比公司。同时提交的还有两公司与员工签订的变更劳动合同主体的协议，以及两公司与多家客户签订变更主体的协议，用以证明上述事项。原告对证据的真实性和关联性均不认可。

上述被告提交的证据部分来自阿帕比公司，原告对上述证据多以不真实，与本案无关联的理由予以否定。但上述证据明显与本案涉及的被告使用情况存在关联关系，原告亦不能提出上述证据存在疑点，其否定上述证据的理由不足。本院将综合本案其他证据，并参考上述证据，对本案事实进行认定。

因原告在庭审中不认可被告的数字图书馆中已经删除涉案图书，并强调在校外不输入用户名和密码也可登录该校局域网进行阅览，庭审后承办人员与原被告一同到北京理工大学图书馆进行勘验，由原告用其计算机进行操作，进入被告 Apabi 数字图书馆资源平台，查询李某奎及涉案图书，均没有信息。后上述人员继续到校外进行勘验，经原告操作，无法登录被告局域网中的数字图书馆。

2007 年 11 月 6 日，因被告申请追加阿帕比公司作为本案共同被告，本院承办人员向原告征询意见，原告明确表示阿帕比公司与本案无关，不同意追加其为本案被告。

以上事实，还有本案的庭审笔录在案佐证。

本院认为，原告李某奎是汇编作品《指南》一书的作者，享有著作权法规定的各项权利。出版该书的西南财经大学出版社将《指南》一书授权方正公司进行电子图书的销售，方正公司将该书上传至签约大学的 Apabi 数字图书馆，通过方正公司提供给图书馆的电子图书管理系统，在局域网内实现浏览和借阅功能。因西南财经大学出版社从李某奎处取得的针对《指南》一书的权利不包括信息网络传播权，上述各方的行为使该书得以在大学数字图书馆内进行传播，构成对李某奎就该书享有的信息网络传播权的侵犯。通过阿帕比公司关于其继承方正公司数字图书馆业务所提交的相关证据，及其参与与原告协商的过程，并在协商结果中直接体现了其相应的权利义务等情况，本院认定本案事实所涉及的原由方正公司履行的 Apabi 数字图书馆的相关权利义务由阿帕比公司承担。

　　上述行为发生后，李某奎与西南财经大学出版社及阿帕比公司进行了协商，于 2006 年 12 月 28 日达成合意，即由出版社向李某奎支付赔偿金 20 035 元（内含阿帕比公司支付的 1 万元），阿帕比公司在 2006 年 12 月 27 日之后停止使用《指南》一书，李某奎对阿帕比公司在前的使用行为不再向该公司或出版社主张权利。上述协商结果是各方对已经发生的侵权行为达成一致的处理意见，对参与各方均具有约束力，原告也已经收取了约定的款项。考虑到双方协商解决纠纷的目的在于停止已经发生的侵权行为，并对此前的侵权行为给李某奎造成的损失进行弥补，因此，28 日达成的协商结果中所称 27 日之后不能再行使用的说法，应主要针对此时间点后阿帕比公司不得再行销售，同时，也应尽量消除此前的使用行为所造成的影响。

　　虽然李某奎称与出版社及阿帕比公司协商时只发现上海交大图书馆一家有侵权内容，但从协商内容看没有体现其所述内容，参考针对汇编作品交付的赔偿金额达到千字超过 100 元的标准，还有阿帕比公司在此后连续进行删除工作的情况看，协商所针对的不止此一家图书馆，应当涵盖此前所有的使用情节。被告图书馆在协议之前已经开始使用的行为，包含在已经协商解决的范围内，不应再行追究责任。

被告校内图书馆中对涉案图书提供阅读和下载属传播行为，但学校本身亦为 Apabi 数字图书馆系统及电子图书用户，其注意义务低于出版社和阿帕比公司，发生侵权时其主要义务是停止侵权，删除涉案作品。但 Apabi 系统特有的操作过程和安全模式控制又使图书馆无法自行删除。被告如了解其图书馆中提供的图书侵权，应要求阿帕比公司到校进行删除，但其对三方协议的内容并不了解，原告系在未通知被告删除的情形下直接进行公证并提起诉讼。

考察最初各方协商一致解决纠纷的目的，以及协议各方在履行协议时应当遵循诚实信用原则所涵盖的相互协助、通知等义务，原告在承诺后如发现有尚未删除的承诺之前使用该书的情况，应当及时通知使用者尽快删除，如果使用方接到通知后仍怠于履行删除义务，才违反各方协议，对原告的权利造成新的侵害。但在阿帕比公司陆续派技术人员到各地进行删除工作的过程中，原告即开始对多个数字图书馆中使用的内容进行公证，并陆续分别针对数字图书馆所属大学单独提起诉讼，其上述做法并不符合三方协商的目的。

李某奎坚持对被告单独进行诉讼，不同意追加阿帕比公司进入诉讼。被告使用阿帕比公司的数字图书馆系统，获取涉案图书内容早于三方协议，其传播行为应含在已经补偿的份额中，不应被重复追究责任。被告在不知情和无法自行删除的情形下，使得涉案图书仍在其图书馆所在的局域网中传播，并无过错。庭审后双方在法院主持下进行的勘验，证明该书已经从被告图书馆中删除，被告应当履行的停止侵权的义务已经完成。综上所述，李某奎此次公证的结果并不能证明发生了新的侵权行为，被告没有过错，不应为此承担责任。本院对原告据此提出的全部诉讼请求不予支持。

据此，本院依照《中华人民共和国著作权法》第十条第（十二）项之规定，判决如下：

驳回原告李某奎对被告北京理工大学的全部诉讼请求。

案件受理费三百零四元，由原告李某奎负担（已交纳）。

如不服本判决，可于判决书送达之日起十五日内，向本院递交上诉状，并按对方当事人的人数递交副本，交纳上诉案件受理费，上诉于北京市第一中级人民法院。如上诉期满后七日内未交纳上诉案件受理费，按自动撤回上诉处理。

审　判　长　王宏丞

代理审判员　杨德嘉

人民陪审员　韩玉魁

二〇〇七年十二月二十日

书　记　员　果辉

【点评】

该案的原告先后以同样的理由状告了长春理工大学、深圳南山图书馆、南京中医药大学、青岛理工大学等多所大学图书馆，其中诉长春理工大学的判决结果是与北京超星数图公司共同侵犯了信息网络传播权，有过错，承担停止侵权、赔偿损失的民事责任；诉深圳南山图书馆的判决结果是深圳南山图书馆未尽到合理注意义务，存在一定过错，但不承担民事责任；诉其他图书馆的判决结果多为图书馆应与数字资源供应商共同删除侵权作品，不承担民事赔偿责任。判决结果不一，但带给图书馆的警示是一致的：图书馆在采购商业数据库时，应尽到合理注意义务，在接到权利人质疑后，应迅速反应，及时删除有侵权嫌疑的作品，并与权利人积极沟通，避免进一步扩大侵权范围。

附录四　北京三面向版权代理有限公司诉重庆市涪陵区图书馆侵犯著作财产权纠纷案

重庆市高级人民法院

民事判决书

上诉人北京三面向版权代理有限公司（以下简称"三面向公司"）与被上诉人重庆市涪陵区图书馆（以下简称"涪陵图书馆"）侵犯著作财产权纠纷一案，重庆市第三中级人民法院于2007年11月20日作出（2007）渝三中民初字第50号民事判决，三面向公司对该判决不服，向本院提起上诉。本院依法组成合议庭，于2008年7月8日公开开庭审理了本案。上诉人三面向公司的委托代理人刘宏伟，被上诉人涪陵图书馆的委托代理人林荣华到庭参加诉讼。本案现已审理终结。

一审法院经审理查明：2007年2月1日原告三面向公司与刘帮华签订版权转让合同，依法受让取得了刘帮华（笔名：墨阳子）作品《狞皇武霸》除署名权、影视改编权以外的著作权。在2006年8月9日至2007年4月24日期间，涪陵图书馆作为公益性文化机构，为了方便读者网上查询及阅读，通过江西新余电信网站链接了《狞皇武霸》的内容。累计免费阅读人次为 37 次。2007 年 4 月原告认为被告涪陵图书馆在其网站 http://www.fllib.org.cn 上未经著作权人许可便使用并传播了该作品，也未向权利人支付相应的报酬，遂于 2007 年 4 月 4 日由北京市海淀区第二公证处对涪陵图书馆的该链接行为进行了公证，该公证处作出（2007）京海民保字第 0168 号公证书及光盘。其中光盘内容载明：由涪陵图书馆网站首页进入，点击文学作品，输入"狞皇武霸"，则即可阅读《狞皇武霸》作品内容。《狞皇武霸》的网址为：//……file：f：狞皇武霸（＊）.Html：range（＊）001020。同年 4 月 17 日原告向被告发出《敦促立即支付狞皇武霸等作品许可使用费的通知》，涪陵图书馆于同月 24 日收到该函件后，立即与原告三面向公司取得了联系，并表明了其仅是提供目录链接这一事实，并随即断开了链接。同月 23 日被告涪陵图书馆申请重庆市涪陵区公证处对其链接江西省新余市电信提供《狞皇武霸》阅读服务的情况进行公证，该公证处于当日在该处办证（3）室进行了截图公证，并作出（2007）渝涪证字第 566 号公证书以及附属光盘。光盘内容证明了在被告涪陵图书馆网站上出现的《狞皇武霸》通配网址是：http://218//65.31.249：8081longres010070120html（＊）.html. 其中 range（＊）010020。利用 WWW.IP138.COM 对 http://218.65.31.249 网址的地理位置进行查询，结果为江西省新余市电信。进入江西省新余市电信网页，打开 http://218.65.31.249：8081 出现数字图书馆网页；点击文学作品进入，输入"狞皇武霸"检索，查询出该书名的结果，再点击该结果进入该书目录；点击第一章至第二十章，出现相对应的章节的内容。其通配网址为：http://218.65.31.249：8081longres010070120/html(*).html. 其中 range（*）010020，被告涪陵图书馆只是通过上述网址链接《狞皇武霸》的文章内容，而没有在本网站占有、存储、转载该作品内容。

一审法院认为，涪陵图书馆作为公益性文化机构，为了更好地传播文学信息资源，发挥图书馆的知识导航作用，方便读者查询、阅读相关文学作品，其在 2006 年 8 月 7 日至 2007 年 4 月 24 日期间，通过链接江西省新余市电信网址的形式在本网站中链接了《狞皇武霸》文章内容。从原、被告双方提供的公证内容看，被告对本案涉案作品的使用并非在自己的网站中直接占有、存储文章内容，其所提供的仅仅是一个狭义的链接服务，即让读者能够通过被告的网站与江西省新余市电信之间的链接阅读江西省新余市电信中登载的本案涉案作品内容，涪陵图书馆只是链接服务提供者，而不是文章内容的直接登载者。涪陵图书馆在提供链接服务时，不知道对方网站登载的文章内容存在侵犯他人著作权的问题。同时其在无偿提供链接阅读服务时，也并未隐瞒地址栏中的江西省新余市电信的网址以及网络域名，主观上无使读者产生误认的故意，也即读者在阅读该作品时不会误认为是在涪陵图书馆的网站上阅读该作品。涪陵图书馆作为公益性网络服务者，只是为读者提供了相关文章的链接服务。根据《信息网络传播权保护条例》第二十三条"网络服务提供者为服务对象提供搜索或者链接服务，在接到权利人的通知后，根据本条例规定断开与侵权的作品、表演、录音录像制品的链接的，不承担赔偿责任；但是，明知或者应知所链接的作品、表演、录音录像制品侵权的，应当承担共同侵权责任"之规定，网络服务商只有在接到权利人通知后仍不断开链接行为，或明知侵权，仍然未断开链接服务的，方应承担相应的民事责任。本案原告未举示证据证明涪陵图书馆是明知其所链接的网站构成侵权，仍予以链接。且被告作为公益性文化传播网站，并未因其提供该链接行为直接受益，其在收到原告关于支付稿酬的通知后立即停止了链接服务。综上，被告涪陵图书馆在客观上虽链接了未经过权利人许可的侵权作品，从而构成了对原告著作权的侵犯，但其在接到权利人的通知后，即断开了与侵权作品的链接，故不应承担侵权赔偿责任。被告在诉讼中要求追加江西省新余市电信为本案共同被告，本院认为，江西省新余市电信不是本案必须参加诉讼的共同诉讼当事人，故对被告的这一主张依法不予支持。综上，因被告涪陵图书馆的行为不应承担民事赔偿责任，故对于原告要求被告赔偿其损失的诉讼请求依法不予支持，被告关于其不应承担赔偿责任的辩解理由本院依法予以采纳。

一审法院依照《中华人民共和国民法通则》第九十四条、第一百零六条第一款、《信息网络传播权保护条例》第二十三条之规定判决：驳回原告北京三面向版权代理有限公司的诉讼请求。本案一审案件受理费 2584 元，由原告北京三面向版权代理有限公司负担。

三面向公司不服判决，向本院提起上诉，请求：

（1）撤销原判决，依法改判，判令被上诉人赔偿上诉人经济损失及合理费用共计 121 200 元（其中包括二审律师费 5000 元、差旅费 2000 元）。

（2）一、二审诉讼费用由被上诉人承担。其主要理由是：①原判决认定上诉人提供的证据三"因登载《狞皇武霸》内容的网址不明确，故对证据的关联性不予确认"的认定错误；②原判决认定"所提供的仅仅是一个狭义的链接""涪陵图书馆在提供链接服务时，不知道对方网站登载的文章内容存在侵犯他人著作权的问题"以及"本案原告未举示证据证明涪陵图书馆是明知其所链接的网站构成侵权，仍予以链接"的认定错误；③原判决认定"涪陵图书馆作为公益性文化机构，为了更好地传播文学信息资源，发挥图书馆的知识导航作用，方便读者查询、阅读相关文学作品"以及"涪陵图书作为公益性网络服务者，只是为读者提供了相关文章的链接服务"的认定错误；④被上诉人的行为构成了共同侵权，应依法赔偿上诉人经济损失及合理费用共计 121 200 元。

涪陵图书馆答辩认为，一审法院认定事实清楚、适用法律正确。请求驳回上诉人的上诉，维持原判。

本院二审查明的事实与一审法院查明的事实相同，本院予以确认。

本院认为：

综合当事人的诉请和抗辩，本案争议的焦点是，涪陵图书馆的链接行为是否构成侵权，如构成侵权是否应当承担赔偿责任。

判定涪陵图书馆的链接行为是否构成侵权，首先应当确定其链接的程度，即链接的程度为"一般链接"或是"深度链接"。一般链接，主要是指设链者在其网站或网页上直接显示一般链接的标志，网络用户能够清楚地知道设链者的网站或网页同其他网站或网页建立了链接，并且能够通过点击一般链接标志指令浏览器访问被链接对象。"深度链接"则是指设链者将被链接对象的网址"埋"在自己的网站（网页）中，网络用户并不一定知道设链者网站（网页）同其他网站（网页）建立了链接。从本案查明的事实看，自进入涪陵图书馆网站的首页起，点击其文学栏目进入网站所有文学作品列表、再点击文学作品列表中涉案作品进入该作品所在网页，再注册后点击进入涉案作品的内容目录列表，其每一步骤均显示涪陵图书馆为该网站的运营者和内容服务提供者。在这几个步骤中，对涉案作品内容的链接尚未设立。再点击涉案作品内容目录列表中的每一项打开每一章节的内容后，链接才得以设立。但从显示每一章节内容的网页直观地来看，以普通网络用户的网络知识程度和阅读网络内容的习惯，网络用户不一定知道涪陵图书馆的网站同其他网站已建立了链接，其内容服务提供者已并非涪陵图书馆，从而使网络用户误认为其内容仍为涪陵图书馆提供。涪陵图书馆的行为应属"深度链接"。

涪陵图书馆作为本网站的运营者和内容服务提供者，在与其他网站设立链接而提供内容服务时，应当知道其行为构成侵权的可能性，但涪陵图书馆未尽到注意义务，在未审查涉案作品是否构成侵权，在未得到被链接网站运营者同意，在未得到作品权利人许可的情况下，直接通过网络链接而使用涉案作品，向网络用户提供内容服务，且未向作品权利人支付报酬，涪陵图书馆的行为侵犯了权利人的信息网络传播权和获得报酬权。依法应承担相应的民事责任。

涪陵图书馆系公益性质的文化机构，其网站运行不以营利为目的，而主要是为了传播文学信息资源，发挥图书馆的知识导航作用，方便读者查询、阅读相关文学作品。涪陵图书馆的行为虽构成了侵权，但在侵权期间涉案作品的被点击数极低，在主观上亦没有使读者产生误认的故意，且在收到三面向公司《敦促立即支付狩皇武霸等作品许可使用费的通知》后立即断开了链接，停止了侵权行为。

综上，涪陵图书馆在客观上虽存在未经权利人许可而使用传播涉案作品，从而构成对三面向公司著作财产权的侵犯，但鉴于主观上及实际上没有从中牟利，在主观上也没有使网络用户产生误认的故意，且因点击次数低，传播面较小，侵权损害的后果较轻，并已及时停止了侵权行为等因素，且因该侵权行为给三面向公司造成的损失亦不能确定，赔偿数额（含合理费用）当以足以补偿其可能造成的损失为原则酌情确定。一审判决虽认定事实清楚，但适用法律错误，本院予以改判。根据《中华人民共和国著作权法》第十条第十二款、第十七款、第四十七条、第四十八条和《中华人民共和国民事诉讼法》第一百五十三条第一款（二）项的规定，判决如下：

一、撤销重庆市第三中级人民法院（2007）渝三中民初字第50号民事判决。

二、重庆市涪陵图书馆赔偿北京三面向版权代理有限公司10 000元。

三、驳回北京三面向版权代理有限公司的其他诉讼请求。

本案一审案件受理费2584元，二审案件受理费2724元，共计5308元由重庆市涪陵图书馆承担。

本判决为终审判决。

审　判　长　张　勤

审　判　员　周　敏

代理审判员　李　剑

二〇〇八年八月十一日

书　记　员　宋黎黎

【点评】

案例说明了图书馆如果采取"深度链接"的方式导航到其他网站（网页），以普通用户的知识程度和阅读习惯无法知道链接了其他网站（网页），导致误以为是图书馆网站本身提供的内容，那么将有可能承担侵权风险。知识导航是利用超级链接方式，按照分类、主题、学科、信息资源类型等导航方式，向用户提供多角度可检索的揭示系统，使网页展现多元化的、交互式的、动态的数字化信息资源环境。通常的浅链，仅仅是显示链接网址，以及对网站进行一些简要介绍并不涉及版权问题。但如果图书馆采用"深度链接"的方式进行知识导航，即在网站中直接链接到目的网站的二级页面中的具体资源，导致用户普遍误认为链接内容是网站本身的内容，那么将有可能承担侵犯著作权的风险。特别是在采取加框技术的情况下，即设链者将链接网页变成自己网页框架内的一个窗口，使得用户打开链接后，浏览器地址栏里仍然是设链者的域名，用户无法知道链接的存在，该情形可能侵犯著作权人的署名权、保护作品完整权和信息网络传播权。

因此，图书馆开展知识导航服务前，一是需要谨慎选择链接网站，尽量选择政府机构网站、事业单位网站或有公信力的网站，避免选择商业性网站或无公信力的网站。二是避免采用技术手段进行深度链接，侵犯相关权利。如果确实需要进行对一些网站建立深度链接，则需获取目的网站的相应授权。

附录五 李某英诉山东省图书馆著作权纠纷案

山东省济南市中级人民法院民事判决书

（2008）济民三初字第90号

原告李某英与被告山东省图书馆，被告北京世纪超星信息技术有限责任公司（以下简称"北京超星公司"）侵犯信息网络传播权纠纷一案，本院受理后，被告北京超星公司在答辩期内向本院提出管辖权异议，本院于2008年7月22日裁定予以驳回。本院依法组成合议庭，于2008年9月25日公开开庭对本案进行了审理。原告李某英的委托代理人马鸣，被告山东省图书馆及被告北京世纪超星信息技术发展有限责任公司共同委托代理人阎云德，鲍艳杰到庭参加诉讼。本案现已审理终结。

原告李某英诉称，其为中国社会科学院研究生院的教授，长期致力于清代历史的研究，《紫禁城之变》《民间宗教常识问答》《中国清代宗教史》《中国历史上的民间宗教》《陈玉成评传》《源同流分　民间宗教与结社》等作品均为其多年辛苦研究的重要成果。2007 年 7 月以来，原告发现被告山东省图书馆的网站上有原告的上述作品，用户登录该网站，即可对原告作品进行阅读和下载。原告于 2007 年 8 月 13 日申请北京市公证处对被告的侵权行为进行了证据保全。同时原告还查明山东省图书馆使用和传播的原告作品均系被告北京超星公司提供。两被告的上述行为侵犯了原告的著作权，给其造成了较大的经济损失和精神伤害。请求法院：1. 判令被告立即停止侵权行为；2. 判令被告赔偿经济损失 66 100 元人民币；3. 判令被告承担原告因制止侵权行为而产生的合理费用支出共计 9000 元；4. 判令被告承担本案全部诉讼费用。

被告山东省图书馆辩称：①"超星数字图书馆"的图书由北京超星公司上载并控制使用，北京超星公司也明确承诺对"超星数字图书馆"的版权关系负责，其仅为北京超星公司提供存储空间，原告将其列为被告实属错误。②其为"超星数字图书馆"提供存储空间，"超星数字图书馆"的上传，修改，维护均由北京超星公司完成，其在接到诉状后就已经及时通知北京超星公司进行删除，"超星数字图书馆"存有数万册图书的数据量，其无法对每一本的版权关系进行审查，且其也未从中获取经济利益，其不应承担侵权责任。③原告要求被告赔偿经济损失没有依据，传播知识，无偿为读者提供服务，是其应尽的义务。请求法院驳回原告对其的诉讼请求。

被告北京超星公司辩称，北京超星公司在作品网络传播事业上所做的努力不容忽视，其较早致力于图书数字化事业，通过多种途径获得著作权人的合法授权，但工作中难免出现疏漏，与其获得30万个作者的合法授权相比，其努力和取得的成绩显而易见。其他答辩意见同山东省图书馆。

原告为证明自己的主张，向法院提交了如下证据：

（1）《紫禁城之变》《民间宗教常识问答》《中国清代宗教史》《中国历史上的民间宗教》《陈玉成评传》《源同流分民间宗教与结社》书版权页各一份，用以证明原告李某英系涉案作品的著作权人。

（2）（2007）京证经字第17844号公证书，用以证明被告存在侵权事实。

（3）公证费发票及委托代理合同各一份。

被告山东省图书馆及北京超星公司对上述证据的真实性没有异议，但认为公证费用及代理费用过高。由于两被告对原告提交的证据的真实性没有异议，本院对上述证据的真实性予以确认。

被告山东省图书馆为支持其主张，向法院提交了如下证据：

（1）山东省图书馆与北京超星公司签订的协议书。

（2）北京超星公司给山东省图书馆出具的承诺书。上述两证据用以证明"超星数字图书馆"的具体上传，维护，修改均由北京超星公司进行，山东省图书馆无法掌控，且北京超星公司承诺版权问题由其负责。

原告及北京超星公司对山东省图书馆提交的上述证据的真实性没有异议，本院对上述证据的真实性予以确认。

北京超星公司为证明其观点，向本院提供以下证据：

（1）史传文与北京超星公司签订的超星数字图书馆个人作品授权书，用以证明其与《中国清代宗教史》丛书的主编史传文签有授权协议，其不存在侵权的主观故意。

（2）（2008）海民初字第 15894 号民事判决书及（2008）一中民终字第 10131 号民事判决书，用于证明其他法院判决时参照《出版文字作品报酬规定》予以确定赔偿数额。

原告及被告山东省图书馆对上述证据的真实性没有异议，但原告认为证据 1 史传文授权的内容明确记载授权范围仅限于其个人专著。由于原告及被告山东省图书馆对上述证据的真实性没有异议，本院对其真实性予以确认。

根据上述原，被告诉辩内容和举证，质证及本院认证，结合庭审中当事人的陈述，辩论，本院确认事实如下：

原告李某英系《紫禁城之变》《民间宗教常识问答》《中国清代宗教史》《中国历史上的民间宗教》《陈玉成评传》《源同流分　民间宗教与结社》六本书的著作权人，其中《紫禁城之变》于 1990 年由紫禁城出版社出版，该书共计 75 千字，定价 2.5 元。《民间宗教常识问答》于 1990 年由江苏古籍出版社出版，该书共计 126 千字，定价 5 元。百卷本《中国全史》（全一百册）第17卷《中国清代宗教史》是由原告所著，该书1994年由人民出版社出版发行，共计134千字。《中国历史上的民间宗教》于1996年由广东人民出版社出版，该书共计105千字，定价9.7元。《陈玉成评传》于1996年由广东人民出版社出版，1997年第二次印刷，共计113千字，定价9.8元。《源同流分　民间宗教与结社》于1997年由辽宁人民出版社出版，该书共计108千字，定价13.8元。

2007年8月13日，北京市公证处应原告委托代理人的申请对被告山东省图书馆的网站进行了证据保全。（2007）京证经字第17844号公证书记载，在电脑地址栏输入www. sdlib. com后按回车键，进入山东省图书馆网站首页，在该网站首页页面上点击"在线读书"，进入山东省图书馆网上图书馆，该页面上显示该网上图书馆包括方正Apabi，超星，书生三个数字化中文图书馆，点击该页面的"超星在线图书馆"的使用指南，出现"超星数字图书镜像站点使用说明"，在地址栏中输入http//:124.133.52.134/wenhua，按回车键，进入"超星数字图书馆"，在"超星数字图书馆"中载有李某英的涉案图书《紫禁城之变》《民间宗教常识问答》《中国清代宗教史》《中国历史上的民间宗教》《陈玉成评传》《源同流分　民间宗教与结社》。经当庭对比，公证书所保全的涉案图书电子版与原告李某英提供的涉案图书实物的内容完全一致。

2004年12月20日，被告山东省图书馆（甲方）与北京超星公司（乙方）签订协议书，双方约定项目的内容为：双方在山东省图书馆建设数字图书馆，使得甲方人员能够在"超星数字图书馆"获得相关信息。乙方同意甲方将"超星数字图书馆"以链接方式或镜像方式建设数字图书馆。山东省图书馆负责提供本项目所需的硬件设备与网络环境，但不具体参与"超星数字图书馆"的运营，不经北京超星公司的同意，山东省图书馆不得将乙方的数字图书馆软件系统以其他形式给第三方使用。乙方北京超星公司保证提供链接或镜像方式至其网站的"超星数字图书馆"能在速度和效率上满足需求，乙方负责组织相关数据及书目信息的上传，修改，维护，保证"超星数字图书馆"的正常运行，乙方对"超星数字图书馆"的作品的版权承担保证义务，保证"超星数字图书馆"作品的使用经过相关权利人的授权，如发生侵犯第三人权利的行为，由乙方承担法律责任，与甲方无关。同日，北京超星公司还为山东省图书馆出具了承诺书，承诺如因"超星数字图书馆"的使用引起任何著作权，人身权等侵权纠纷，北京超星公司将承担全部相关的责任。

史传文与北京超星公司签订的超星数字图书馆个人作品授权书中明确写有"授权范围限个人专著"。

原告提供的公证费发票记载公证项目为山东省图书馆《源同流分：民间宗教与结社》等书费用，公证费用为3000元。

法院认为：

原告李某英系《紫禁城之变》《民间宗教常识问答》《中国清代宗教史》《中国历史上的民间宗教》《陈玉成评传》《源同流分 民间宗教与结社》六本书的作者，对上述作品依法享有著作权，其合法权利应受法律保护。

北京超星公司作为"超星数字图书馆"的开发者和经营者，未经李某英许可，将李某英拥有著作权的涉案六本书电子版收录入"超星数字图书馆"，提供给其用户山东省图书馆，供山东省图书馆在网上进行传播，该行为侵犯了李某英对涉案作品所享有的信息网络传播权，北京超星公司对此应承担相应的民事责任。北京超星公司辩称其与《中国清代宗教史》丛书的主编史传文签有授权协议，但本院认为，上述协议中史传文的授权范围仅限个人专著，并没有包含该丛书中其他作者的授权，因此对被告北京超星公司的此项抗辩本院不予采信。

山东省图书馆作为"超星数字图书馆"的用户，其并不能对"超星数字图书馆"的内容进行控制，图书的上传，修改，更新等管理工作系由北京超星公司具体实施，且山东省图书馆网站已经对"超星数字图书馆"的提供者进行明示。"超星数字图书馆"所收录图书的数量巨大，山东省图书馆从技术上无法对其内容是否侵权进行事先的审查，因此山东省图书馆不存在侵权故意。山东省图书馆向原告承担责任仅限于在收到原告通知后协助北京超星公司删除该馆服务器所载"超星数字图书馆"中的涉案六本书籍。因此,原告起诉被告山东省图书馆赔偿其经济损失的诉讼请求,本院不予支持。

关于原告要求被告赔偿 66 100 元的经济损失及为诉讼支出的合理费用 9000 元的诉讼请求。本院认为,鉴于公证费单据表述的公证项目为"山东省图书馆《源同流分 民间宗教与结社》等书",公证费 3000 元,并没有表明仅是针对本案所做的公证,本院对该证据表明的公证费数额不予全额支持;由于原告只提交了律师代理合同,并未提交实际支付的单据,对有关律师代理费的主张,本院亦不予全额支持。本院综合考虑原告涉案作品的发表时间,作品属性,字数,参照国家相关稿酬支付标准,结合被告北京超星公司的过错程度,侵权情节及范围,以及原告为诉讼所支出的公证费,律师费等因素,对该经济损失数额予以酌定。

综上,根据《中华人民共和国著作权法》第十条第一款第十二项,第四十七条第一款第一项,第四十八条,《信息网络传播权保护条例》第二十二条之规定,判决如下:

一、被告北京世纪超星信息技术发展有限公司于本判决生效之日起立即删除对山东省图书馆提供的"超星数字图书馆"中载有的涉案六本书的内容;被告山东省图书馆对被告世纪超星信息技术发展有限公司之删除行为予以协助。

二、被告北京世纪超星信息技术发展有限公司于本判决生效之日起十日内赔偿原告李某英经济损失 15 000 元。

三、驳回原告李某英的其他诉讼请求。

如果被告北京世纪超星信息技术发展有限公司未按本判决指定的期间履行给付金钱义务，应当依照《中华人民共和国民事诉讼法》第二百二十九条之规定，加倍支付迟延履行期间的债务利息。

案件受理费1678元，由被告北京世纪超星信息技术发展有限公司负担1000元，原告李某英负担678元。

如不服本判决，可在判决书送达之日起十五日内向本院递交上诉状正本一份，副本六份及上诉案件受理费，上诉于山东省高级人民法院。

审　判　长　林洁华

代理审判员　李宏军

代理审判员　陈清霞

二〇〇九年一月八日

书　记　员　孙　娜

【点评】

本案与李某奎诉长春理工大学、北京理工大学等多所高校图书馆类似，都是因数据库集成商侵权而被卷入版权纠纷中。提醒图书馆在采购商业数据库时，应尽到合理注意义务，在接到权利人质疑后，应迅速反应，及时删除有侵权嫌疑的作品，与权利人积极沟通，避免进一步扩大侵权范围。

附录六　北京优朋普乐科技有限公司诉肇庆市文化广电新闻出版局、肇庆市图书馆侵犯著作权纠纷一案

广东省高级人民法院民事判决书

（2010）粤高法民三终字第 347 号

上诉人北京优朋普乐科技有限公司（以下简称"优朋公司"）因与被上诉人肇庆市文化广电新闻出版局（以下简称"肇庆市广电局"）、肇庆市图书馆侵犯著作权纠纷一案，不服（2010）肇中法民初字第 12 号民事判决，向本院提起上诉。本院受理后，依法组成合议庭审理了本案。

原审法院查明：2009 年 4 月 17 日，香港影业协会以注册编号为 3682"发行权证明书"证明寰亚电影有限公司是《神枪手》的出品公司，该片的发行资料如下：发行公司：中影寰亚音像制品有限公司；发行地区：中华人民共和国（不包括台湾、香港及澳门特别行政区）；发行期限：2009 年 4 月 9 日至 2024 年 4 月 8 日止。其他资料：1. 发行形式：发行公司独家享有发行地区电视、录像以及信息网络传播的独占性权；

2. 版权持有人：MEDIA ASIA FILMS（BVI）LTD。2009 年 4 月 8 日，中影寰亚音像制品有限公司授权优朋公司对《神枪手》，在中国范围内（不含港、澳、台地区），自 2009 年 4 月 9 日起开始生效至 2011 年 4 月 30 日为止，自行营运或其授权的第三方自行营运的门户网站作为授权的范围，有任何版权责任均由中影寰亚音像制品有限公司独自并完全承担。

2008 年 7 月 3 日，香港影业协会以注册编号为 3511 "发行权证明书" 证明寰亚电影有限公司是《紫雨风暴》的出品公司，该片的发行资料如下：发行公司：中影寰亚音像制品有限公司；发行地区：中华人民共和国（不包括台湾、香港及澳门特别行政区）；发行期限：2005 年 1 月 1 日至 2030 年 12 月 31 日止。其他资料：（1）其他资料：发行公司独家享有发行地区电影、电视、录像以及信息网络传播的独占性权；（2）版权持有人：eSun High-Tech Limited。

2008 年 7 月 3 日，香港影业协会以注册编号为 1668 "发行权证明书" 证明寰亚电影有限公司是《特警新人类》的出品公司，该片的发行资料和《紫雨风暴》资料相同。

2008 年 7 月 3 日，香港影业协会以注册编号为 1734 "发行权证明书" 证明寰亚电影有限公司是《半支烟》的出品公司，该片的发行资料和《紫雨风暴》资料相同。

2008 年 2 月 28 日，中影寰亚音像制品有限公司同时授权优朋公司对《紫雨风暴》《特警新人类》《半支烟》影片，在中国范围内（不含港、澳、台地区），期限自 2008 年 2 月 28 日起计 36 个月，在中国大陆地区所涉及的独家信息网络传播权、转授权权利，以及打击侵权行为的维权权利。有任何版权责任均由中影寰亚音像制品有限公司独自并完全承担。

2009 年 3 月优朋公司发现肇庆市广电局、肇庆市图书馆未经其授权，在其所属网站（网址 http://www.zqdcn.gov.cn）上非法播放《神枪手》《紫雨风暴》《特警新人类》《半支烟》电影作品，于 2009 年 4 月 28 日向北京市长安公证处申请公证，该公证机关于 2009 年 5 月 5 日在现场操作中并实时拷屏打印结果共 202 页纸张附件（仅向原审法院提供 77 页），对内容进行刻录形成光盘一式三份，同时作出（2009）京长安内经证字第 7789 号"公证书"对证据进行了保全。

优朋公司提供的（2009）京长安内经证字第 7789 号"公证书"的首页显示（网址 http://www.zqdcn.gov.cn）是"肇庆数字文化网数字影院"，第 2 页主页显示内容有：6000 部高清大片电影；全免费，免注册，越多人看速度越快；全国文化信息资源共享工程肇庆市级支中心 2009 年全力奉献；第 20 页页面显示：《神枪手》；主演：林超贤、任贤；来源：qvod；人气：35；同时该页面在 QQ 信箱留言：本站资源均来源于网络，仅供学习参考。如果觉得本站内容侵犯了您的利益，请您即联系本站站长（QQ：×××××××××），我们将于 24 小时内删除。第 29 页页面显示：《紫雨风暴》；主演：吴彦祖、甘国；

来源：优酷、土豆、搜狐；人气：1；同时该页面在QQ信箱留言的内容与第20页QQ信箱的留言内容相同。第48页页面显示：《特警新人类》；主演：谢霆锋、冯德伦；来源：优酷、土豆、六间房；人气：1；同时该页面在QQ信箱留言的内容与第20页QQ信箱的留言内容一致。第68页页面显示：《半支烟/轻烟伴浓情》；主演：曾志伟、谢霆、冯德；来源：qvod、土豆、搜狐；人气：3；同时该页面在QQ信箱留言的内容与第20页QQ信箱的留言内容相同。

优朋公司在网址http://www.zqdcn.gov.cn，来源：qvod；优酷、土豆、搜狐、新浪、六间房中看到《神枪手》《紫雨风暴》《特警新人类》《半支烟》四部影片后，并没有以任何形式通知网络服务提供者即断开优朋公司认为属侵权的作品、表演、录音录像制品的链接的服务。

2010年1月20日原审法院送达开庭传票给肇庆市广电局、肇庆市图书馆，2010年2月3日，肇庆市图书馆向广东省肇庆市震东公证处申请保全证据，该处于同月4日上午实时进入"肇庆数字影院"（v.zqdcn.gov.cn）网页，对该网站部分内容进行打印（17页），以（2010）肇内证字第102号作出"公证书"，证明与本公证相粘连的现场记录的打印内容与原件相符，并将原件存入该处。同时在肇庆市震东公证处的公证下断开了《神枪手》《紫雨风暴》《特警新人类》《半支烟》四部影片视频的链接服务。

　　优朋公司于 2010 年 11 月 30 日向肇庆市中级人民法院提起诉讼，请求法院判令：1）肇庆市广电局、肇庆市图书馆立即停止侵权行为；2）肇庆市广电局、肇庆市图书馆赔偿优朋公司经济损失 150 000 元；3）判令肇庆市广电局、肇庆市图书馆赔偿优朋公司为制止侵权行为所支付的合理开支 6085 元；4）肇庆市广电局、肇庆市图书馆承担本案诉讼费。

　　原审法院认为，优朋公司通过授权的方式而享有《神枪手》《紫雨风暴》《特警新人类》《半支烟》四部影片的独家信息网络传播权和转授权及以自己名义打击侵权、盗版行为进行维权的权利。从肇庆市图书馆（网址为 http://www. zqdcn. gov. cn）里，在"肇庆数字文化网数字影院"中点击《神枪手》《紫雨风暴》《特警新人类》《半支烟》四部影片视频，所出现的界面已明确说明该视频来源是第三方的 qvod、优酷、土豆、六间房。优朋公司虽然在网址 http://www. zqdcn. gov. cn 中发现播放其享有信息网络传播权的《神枪手》《紫雨风暴》《特警新人类》《半支烟》四部影片，但在肇庆市图书馆网站的界面已明确说明该视频来源是第三方的 qvod、优酷、土豆、六间房，同时该页面在 QQ 信箱留言：本站资源均来源于网络，仅供学习参考。如果觉得本站内容侵犯了您的利益，请您即联系本站站长（QQ：×××××××××），我们将于 24 小时内删除。而且肇庆市图书馆在接到本案开庭传票后，已经在肇庆市震东公证处的公证下断开了相关视频的链接。优朋公司认为肇庆市广电局、肇庆市图书馆存在侵权，应当根据《信息网络传播权保护条例》第二十三条的规定通知肇庆市广电局、肇庆市图书馆断开与侵权的录像制品的链接服务，如果肇庆市广电局、肇庆市图书馆在接到通知后没有断开链接服务的才构成侵权，否则不应承担法律责任。本案肇庆市广电局、肇庆市图书馆是以链接的方式让服务对象进入网址（http://www.zqdcn.gov.cn）里，并从来源 qvod、优酷、土豆、六间房中观看第三方的网站的内容，肇庆市广电局、肇庆市图书馆此行为仅是提供链接服务且没有获取任何经济利益。据此，优朋公司的起诉请求缺乏事实和法律依据，应不予支持。原审法院依照《信息网络传播权保护条例》第二十三条的规定，判决如下：驳回优朋公司的诉讼请求。本案一审案件受理费 3422 元，由优朋公司负担。

上诉人优朋公司不服原审判决，向本院上诉称：原审判决认定肇庆市广电局、肇庆市图书馆的行为仅是提供链接服务错误。本案涉案影片的查找、影片介绍、播放均在肇庆市广电局、肇庆市图书馆网站的页面下，按照常规理解，涉案影片的内容应是存储在肇庆市广电局、肇庆市图书馆的网站上。肇庆市广电局、肇庆市图书馆所提供的证明自身仅为提供链接服务的证据均为复印件且优朋公司均不认可的情况下，原审法院仅凭优朋公司自身网站页面显示的上述信息认定肇庆市广电局、肇庆市图书馆的行为仅为提供链接服务缺乏事实依据。原审判决认定肇庆市广电局、肇庆市图书馆在肇庆市震东公证处的公证下断开了四部涉案影片的链接服务错误。公证书显示搜索结果为 0 条，应是肇庆市广电局、肇庆市图书馆删除视频内容后的结果，但未公证断开链接的过程。原审判决适用法律错误，优朋公司认为在肇庆市广电局、肇庆市图书馆未举证证明其仅提供链接服务的情况下，应适用《中华人民共和国著作权法》第四十七条、第四十八条的规定。退一步讲，即便肇庆市广电局、肇庆市图书馆仅提供了链接服务，根据《信息网络传播权保护条例》第十四条、第二十三条的规定，向网络服务提供者提交书面通知并非权利人的一项法定义务，明知或者应知所链接的作品、表演、录音录像制品侵权的，权利人向其发送书面通知的，其应当承担侵权责任，权利人不向其发送书面通知的，其仍然应当承担侵权责任。原审法院没有适用上述法律第十四条的规定及第二十三条但书部分是违背法律精神的。肇庆市广电局、肇庆市图书馆存在侵权故意，构成侵权。肇庆数字影院网作为肇庆市广电局、肇庆市图书馆旗下的二级网站，设立了专门的电影频道、电视剧频道、动漫频道、综艺频道及其排行榜，肇庆市广电局、肇庆市图书馆应对内容有无合法版权保持足够的谨慎和注意，尽到足够的审查义务，况且涉案影片不是处于热播就是经典影片，肇庆市广电局、肇庆市图书馆未经许可，未支付报酬，将优朋公司享有信息网络传播权的作品在其所有经营的网站中传播，存在主观过错，构成侵权，故请求二审法院撤销原审判决，依法判令：肇庆市广电局、肇庆市图书馆赔偿经济损失 15 万元及优朋公司为制止侵权所支付的合理开支 6085 元，并承担本案一、二审诉讼费。

被上诉人肇庆市广电局、肇庆市图书馆答辩称：原审判决认定事实清楚，肇庆市广电局、肇庆市图书馆在原审中提供的证据足以形成完整的证据链证明其仅仅提供了链接服务行为，采用的是脚本链接的计算机应用技术。这一链接方式使肇庆市广电局、肇庆市图书馆可以在不离开当前网站页面的状态下链接到第三方网站的文本、图像或媒体，没有存储涉案影片的视频内容，况且马克斯程序是无须承担任何视频存储播放成本的视频系统，使用该程序所构建网站是不可能存储影片内容的。利用马克斯程序采集电影视频后，无论是在后台管理中心中还是在电影视频的播放页面中，均显示电影视频的播放来源为第三方网站，在后台管理中心的数据中还可看到该电影视频在第三方网站中所有的链接数据。根据公证部门的公证显示，在采集视频数据前，肇庆市广电局、肇庆市图书馆占据的数据空间大小为 489MB，在采集了 60 部视频链接数据后，该网站占据的数据空间大小为 491MB，该内存容量并未发生重大变化，证明该网站没有存储任何影片内容，微小的容量变化仅仅是存储链接数据本身而已。因此，原审法院认定肇庆市广电局、肇庆市图书馆仅提供链接服务是清楚无误的。公证部门的公证过程可看出，经马克斯后台管理程序采集到的电影视频链接，删除其链接数据后，在肇庆数字影院网再进行搜索相关视频链接，均显示"没有找到任何记录"，足以证明肇庆市广电局、肇庆市图书馆已经断开了相关视频的链接。事实上，肇庆数字影院网内的"动作片""喜剧片""爱情片"等以及电影索引下的"分类""地区""年份"等均为马克斯程序自带的分类，肇庆市广电局、肇庆市图书馆没有主动设置或修改该等分类，也没有对视频链接进行编辑分类，主观上没有侵权的故意。肇庆市广电局、肇庆市图书馆是为服务对象提供链接服务，主观上不具有明知或应知的过错，且在接到本案原审开庭传票后即断开了相关链接，其不构成侵权，更无须承担赔偿责任，故原审判决正确，请求二审法院维持原判。

本院二审查明的事实与原审查明的事实一致，本院予以确认。

另查明：二审期间，肇庆市广电局、肇庆市图书馆向本院提交了肇庆市震东公证处于 2010 年 6 月 29 日作出的（2010）肇内证字第 666 号公证书，用以证明肇庆市广电局、肇庆市图书馆采用马克斯程序所提供的仅仅是链接服务，没有承担任何视频存储播放成本，也不提供上传下载服务。肇庆市广电局、肇庆市图书馆还向本院提交了肇庆市震东公证处于 2010 年 6 月 29 日作出的（2010）肇内证字第 665 号公证书，用以证明肇庆市广电局、肇庆市图书馆网站使用马克斯视频系统后通过添加视频链接数据前后，网站的容量大小没有变化。

优朋公司认为上述两份公证书不属于新的证据，不予质证，且肇庆市广电局、肇庆市图书馆原审中也提交了这些证据，只是没有公证。

鉴于肇庆市广电局、肇庆市图书馆二审期间提交的肇庆市震东公证处（2010）肇内证字第665号、第666号公证书系其在收到优朋公司上诉状以后针对上诉理由而进行的公证，且该公证书为二审期间新产生的证据，应认定为新的证据，本院对其证明力予以确认。

本院认为，本案属于侵犯著作权纠纷。本案双方当事人的争议焦点是肇庆市广电局、肇庆市图书馆的行为是否仅提供链接服务而没有提供上传下载服务及其行为是否构成侵犯优朋公司的信息网络传播权。

关于肇庆市广电局、肇庆市图书馆的行为是否仅提供链接服务而没有提供上传下载服务的问题。从原审双方当事人提交的证据及二审期间肇庆市震东公证处作出的（2010）肇内证字第665号、第666号公证书的内容看，在肇庆市广电局、肇庆市图书馆所开办的"肇庆数字文化网数字影院"中点击本案涉案的《神枪手》《紫雨风暴》《特警新人类》《半支烟》四部影片后显示的播放地址是第三方的qvod/优酷、土豆和六间房，在添加视频链接数据前后，该网站的容量大小并无变化，因此可以认定所播放的四部影片的信息并未存储在的"肇庆数字文化网数字影院"的服务器上，肇庆市广电局、肇庆市图书馆并没有提供上传下载服务，仅仅是利用链接技术，向用户提供了链接服务。

关于肇庆市广电局、肇庆市图书馆提供链接服务的行为是否构成侵犯优朋公司的信息网络传播权的问题。首先，肇庆市广电局、肇庆市图书馆仅提供链接服务不涉及上传下载服务，因此不构成直接侵权。其次，由于互联网上网站之间具有互联性、开放性，网上的各类信息内容庞杂，数量巨大，要求链接服务提供者对所链接的信息是否存在权利上的瑕疵先行作出判断和筛选是不客观的，因此提供链接的行为本身不构成对他人著作权的侵害。但是，由于链接服务提供者完全有技术能力控制其网站与其他网的链接，在其知道所链接的信息为侵权信息时，有责任及时采取技术措施停止链接，制止侵权。不及时采取技术措施停止链接，使侵权信息继续传播的，才承担侵权的民事责任。本案中，如果肇庆市广电局、肇庆市图书馆明知被链接的内容侵权，还继续提供链接，则构成间接侵权。现优朋公司未提交足以证明肇庆市广电局、肇庆市图书馆明知被链接内容侵权还提供链接服务的证据，在优朋公司没有发出任何形式的警告的情况下，不能认定肇庆市广电局、肇庆市图书馆明知被链接的内容侵权，亦即"无通知即无明知"；肇庆市广电局、肇庆市图书馆原审期间提交的公证书能证明其在接到本案开庭传票后立即中断了链接服务，则不应承担侵权责任，亦即"无明知即无责任"，故肇庆市广电局、肇庆市图书馆也不构成间接侵权。因此，原审法院认定肇庆市广电局、肇庆市图书馆不构成侵犯优朋公司的信息网络传播权判决驳回优朋公司的诉讼请求并无不当。

综上，上诉人优朋公司的上诉理由均不能成立，本院予以驳回；原审判决认定事实清楚，适用法律正确，本院予以维持。本院依照《中华人民共和国民事诉讼法》第一百五十三条第一款第（一）项之规定，判决如下：

驳回上诉，维持原判。

本案二审案件受理费人民币 3422 元，由上诉人北京优朋普乐科技有限公司负担。

本判决为终审判决。

审 判 长 李 嵘

审 判 员 邓燕辉

代理审判员 凌健华

二〇一〇年十二月十五日

【点评】

本案与"北京三面向版权代理有限公司诉重庆市涪陵区图书馆侵犯著作财产权纠纷案"性质类似，虽然判决结果不同，本案胜诉，但对于肇庆市图书馆来说，却是一个两败俱伤的结果：官司一打就近两年，其中耗费的人力物力不算，仅财力就相当于肇庆市一个县级图书馆一年的购书经费。

　　正如北京大学信息管理系教授李国新所说，"公益性服务不能成为图书馆侵犯知识产权的免责牌，图书馆作为公共文化机构一定要守法，绝不能以提供的是公益性免费网络服务为由，擅自将作品的复制、集成与传播超出法律规定的合理使用豁免范围"❶。在目前侧重于保护权利人、图书馆可适用的著作权限制与例外狭窄的法律框架下，谨慎行事，避免卷入版权纠纷，是一个现实的选择。同时，图书馆需要加强应对诉讼的能力，消解版权风险的能力。此外，图书馆行业应通过各种渠道和方式，争取国家政策和法律制度扩大对图书馆的豁免。

---

❶中国经济网. 肇庆数字文化网：一公共图书馆惹近两年版权纠纷［EB/OL］.（2011-12-18）［2022-08-01］. http://www.ce.cn/culture/whcyk/gundong/201112/16/t20111216_22927370.shtml.

参考文献

[1] 李明德，徐超. 著作权法 [M]. 北京：法律出版社，2009：95.

[2] 李亚红. 国际与比较知识产权：法律、政策与实践 [M/OL] //International and Comparative Intellecntual Propoerty：Law, Policy and Practice）（Bilingual Edition）. Hong Kong, Malaysia, Singapore：LexisNexis.

[3] 联合国教科文组织. 版权法导论 [M]. 北京：知识产权出版社，2009.

[4] 刘春田. 知识产权法：第三版 [M]. 北京：高等教育出版社，2007.

[5] 魏大威. 数字图书馆理论与实务 [M]. 北京：国家图书馆出版社，2012.

[6] 吴汉东. 知识产权基本问题研究 [M]. 北京：中国人民大学出版社，2005.

[7] 张峰. 我国电子文献传递服务版权保护与例外研究 [D]. 哈尔滨：黑龙江大学，2012.

[8] 中国社会科学院语言研究所词典编辑室. 现代汉语词典：第5版 [M]. 北京：商务印书馆，2005.

[9] 李华伟等. 数字版权授权的多样性获得及其在国家数字图书馆工程中的应用研究 [R]. 北京：国家图书馆，2012.

[10] 陈传夫，曾明，谢莹. 文献传递的版权风险与规避策略 [J]. 四川图书馆学报，2004（1）：73-76.

[11] 陈传夫等. 国外版权图书馆员岗位设置及其对我国的启示 [J]. 国家图书馆学刊，2009（2）：39-42.

[12] 陈传夫等. 文献传递的版权风险与规避策略 [J]. 四川图书馆学报，2004（1）：73-76.

[13] 陈传夫等. 中国图书馆界对知识产权问题的认知调研报告（上）——图书馆界对知识产权保护的主流态度 [J]. 图书与情报，2009（5）：1-10，18.

[14] 陈清文，曹艳. 德国版权法中有关图书馆文献传递的新变化及其启示 [J]. 图书与情报，2011（3）：57-60.

[15] 崔惠敏. 高校图书馆联盟中知识产权风险评估的实证分析 [J]. 图书馆建设，2015（3）：88-92.

[16] 侯爱花. 图书馆联盟知识产权冲突与对策研究 [J]. 图书馆，2015（5）：22-25.

[17] 黄佩，刘兹恒. 图书馆联盟数据库资源共建共享的版权问题研究 [J]. 图书与情报，2015（3）：56-60，76.

[18]　刘华英. 网络环境下信息资源共建共享所涉知识产权问题浅析
　　　　[J]. 情报杂志, 2003 (12)：19-20.

[19]　秦珂. 从一起信息导航服务典型版权案件谈图书馆对版权危机
　　　　的管理 [J]. 管理学刊, 2009 (2)：98-102.

[20]　饶艳. 图书馆集团采购中的知识产权问题及对策 [J]. 图书情
　　　　报知识, 2004 (6)：91-92.

[21]　申庆月. 数字资源采访版权风险分析和防范 [J]. 图书馆杂志,
　　　　2014 (6)：24-28.

[22]　吴进琼. 国外图书馆联盟电子资源联合采购模式解析 [J]. 图
　　　　书馆学研究, 2013 (12)：76-78.

[23]　肖珑, 姚晓霞. 我国图书馆电子资源集团采购方式研究 [J].
　　　　中国图书馆学报, 2004 (5)：31-34.

[24]　徐慧芳等. 大英图书馆文献传递服务中版权保护的体现 [J].
　　　　图书馆杂志, 2012 (7)：70-73.

[25]　杨柳, 郭妮. 法国国家数字图书馆建设及对我国数字图书馆发
　　　　展的启示 [J]. 图书情报知识, 2013 (2)：119-124.

[26]　杨毅等. 电子资源集团采购模式的探讨 [J]. 图书情报工作,
　　　　2005 (9)：94-97, 127.

[27]　杨毅等. 集团采购：购买电子资源的有效方式 [J]. 大学图书
　　　　馆学报, 2004 (3)：6-9.

[28]　翟建雄. 图书馆馆际互借和文献提供中的版权问题——美国的
　　　　立法和司法判例介绍 [J]. 法律文献信息与研究, 2006
　　　　(3)：1-11.

[29]　翟建雄. 信息开放存取中的版权问题及图书馆的对策 [J]. 法律文献信息与研究, 2006 (4): 1-28.

[30]　赵学昌. 高校法律风险评估及防范 [J]. 理论界, 2007 (8): 18-20.

[31]　赵永统. 谈文献信息资源共建共享中的知识产权保护 [J]. 西域图书馆论坛, 2010 (3): 8-9.

[32]　郑文晖. 高校图书馆文献传递服务版权保护及风险防范策略研究 [J]. 图书馆工作与研究, 2016 (7): 36-40.

[33]　中国人大网. 中华人民共和国国民经济和社会发展第十三个五年规划纲要 [EB/OL]. [2021-12-21]. http://www.npc.gov.cn/zgrdw/npc/dbdhhy/12_4/2016-03/18/content_1985670_19.htm.

[34]　国家知识产权战略网. 文化部全国公共文化发展中心规划发展处主要事迹 [EB/OL]. (2013-09-02) [2021-11-10]. http://www.nipso.cn/onews.asp?id=18713.

[35]　世界数字图书馆. 常见问题 [EB/OL]. [2021-09-02]. https://www.wdl.org/zh/faq.

[36]　世界数字图书馆. 关于世界数字图书馆: 背景 [EB/OL]. [2021-09-02]. https://www.wdl.org/zh/background.

[37]　世界数字图书馆. 收藏统计数字 [EB/OL]. (2016-08-01) [2021-12-18]. https://www.wdl.org/zh/statistics.

[38]　国务院新闻办公室网站. 文化部办公厅关于印发《文化部"十二五"文化科技发展规划》的通知 [EB/OL]. [2022-10-21].

http:∥www. scio. gov. cn/xwfbh/xwbfbh/wqfbh/2014/20140224/xg-zc30494/Document/1364215/1364215. htm.

[39] 中央政府门户网站. 国民经济和社会发展第十二个五年规划纲要 [EB/OL]. [2022-09-01]. http：∥www. gov. cn/zhuanti/2011-03/16/content_ 2623428_ 2. htm.

[40] IFLA. 国际借阅与文献传递：原则与程序方针 [EB/OL]. [2021-12-20]. http∥：www. ifla. org/VI/2/p3/ildd. htm.

[41] Pnina Shachaf, Ellen Rubenstein. A comparative analysis of librar-ies' approaches to copyright：Israel, Russia, and the U. S. [J]. the Journal of Academic Librarianship, 2007, 33 (1)：94-105.

[42] Report of the Comité des Sages [R/OL]. [2022-01-21]. http:∥ec. europa. eu/information_society/activities/digital_libraries/doc/reflec-tion_group/final-report-cdS3. pdf.

[43] CUL/IS. Columbia University Libraries/Information Services (CUL/IS) Strategic Plan for 2010—2013 [EB/OL]. [2021-09-01]. http:∥www. academiccommons. columbia. edu/catalog/ac：125219.

[44] Europeana [EB/OL]. [2022-05-10]. http:∥www. europeana. eu.

[45] Gallica[EB/OL]. [2022-08-01]. http:∥gallica. bnf. fr/#panneau-nvxdocuments.

[46] High Level Expert Group on Digital Libraries. Digital libraries：rec-ommendations and challenges for the future [R/OL]. [2022-01-21]. http:∥ec. europa. eu/information_society/activities/digital_li-braries/doc/reflection_group/final-report-cdS3. pdf.

责任编辑◎彭喜英
封面设计◎乾达文化

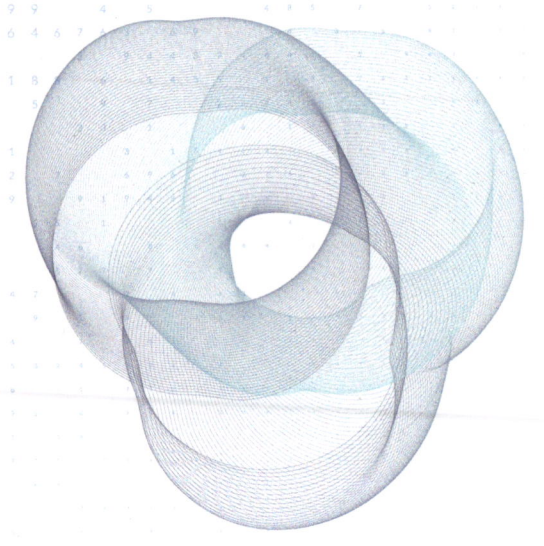

上架建议：知识产权

ISBN 978-7-5130-8685-1

定价：39.00 元